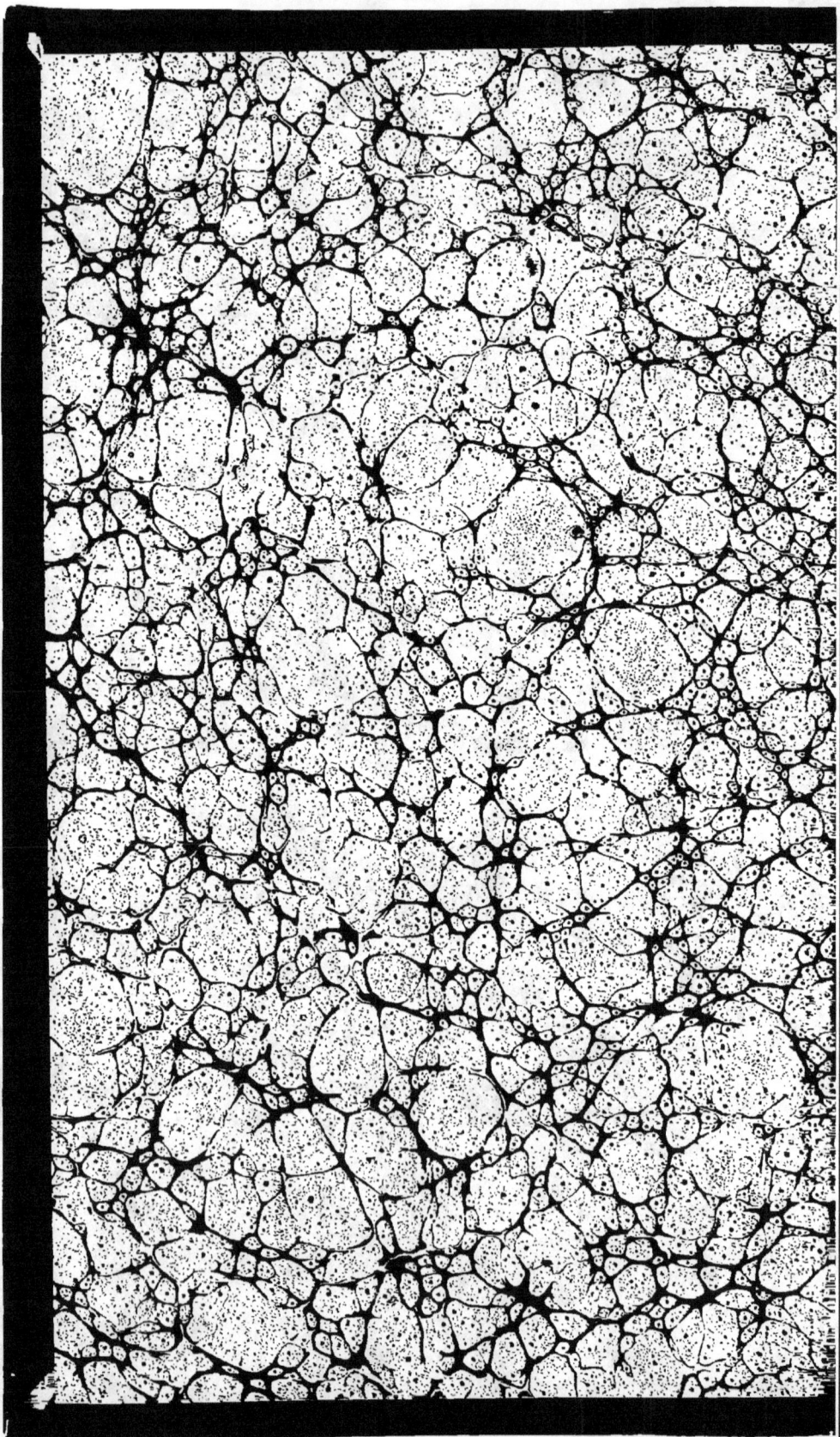

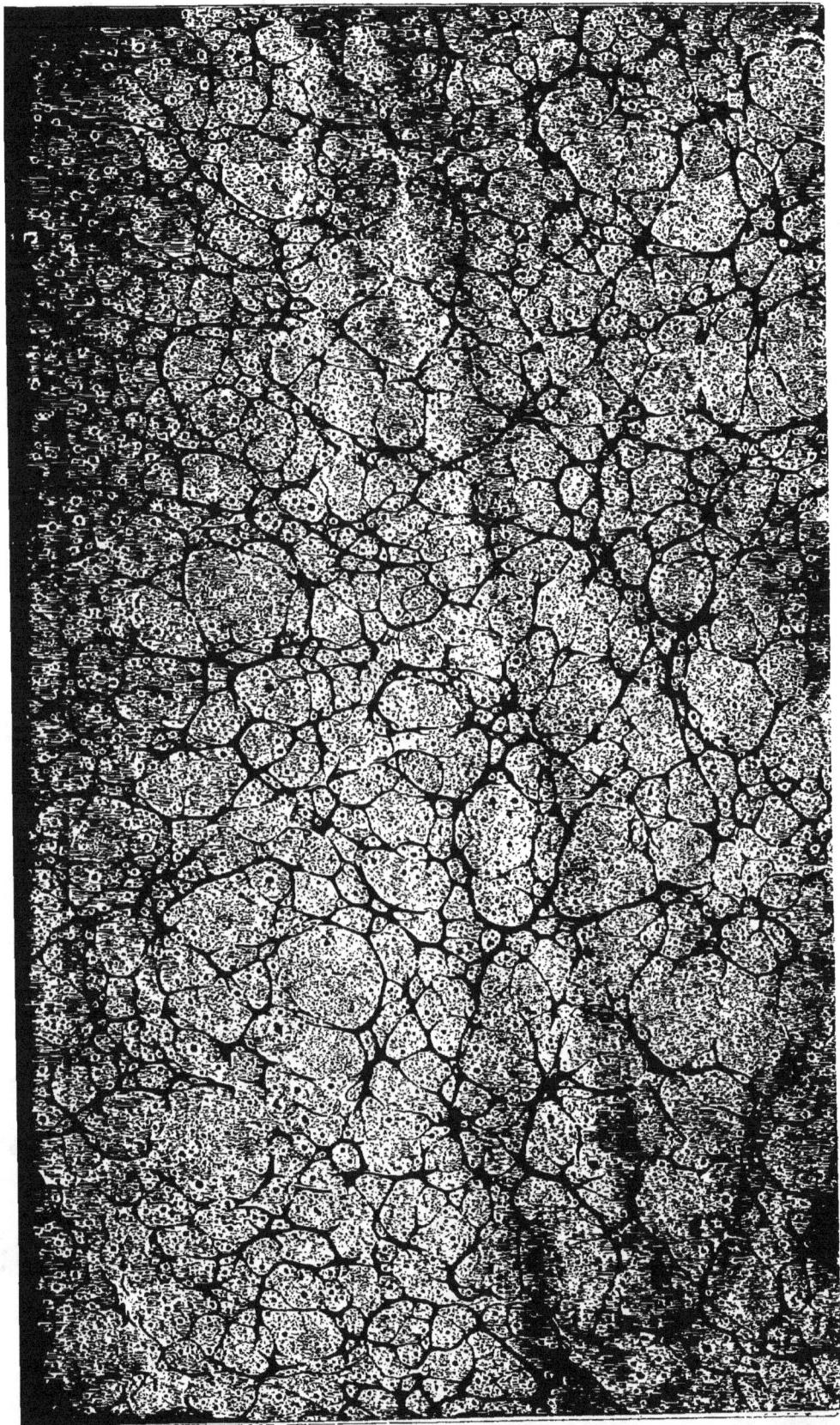

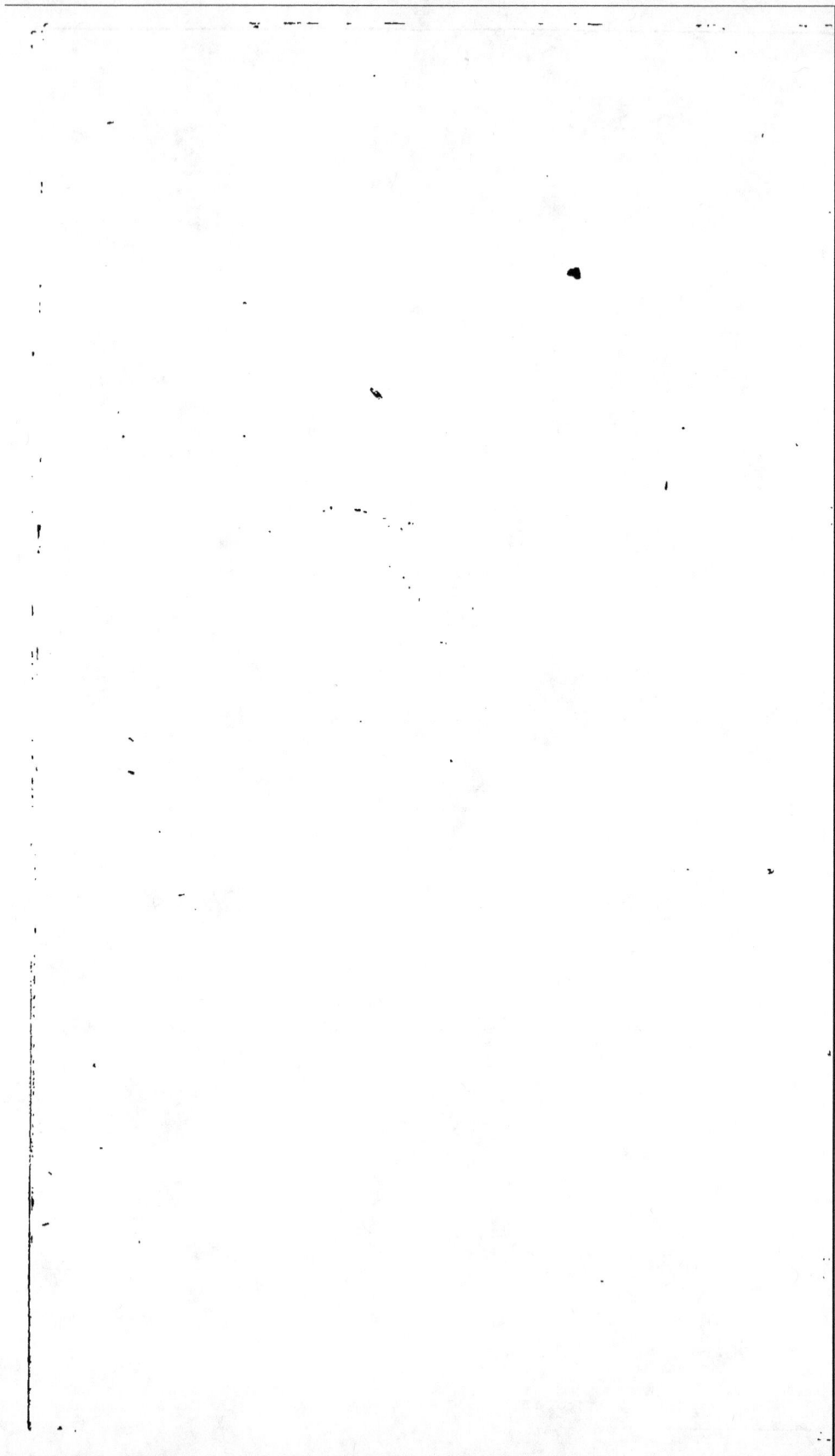

CATALOGUE

DES

COLLECTIONS DU CABINET D'ARMES

DE SA MAJESTÉ L'EMPEREUR.

CATALOGUE

DES

COLLECTIONS DU CABINET D'ARMES

DE SA MAJESTÉ L'EMPEREUR,

PAR O. PENGUILLY L'HARIDON,

LIEUTENANT COLONEL D'ARTILLERIE,

CONSERVATEUR DU MUSÉE D'ARTILLERIE.

PARIS.

IMPRIMERIE IMPÉRIALE.

—

M DCCC LXVII.

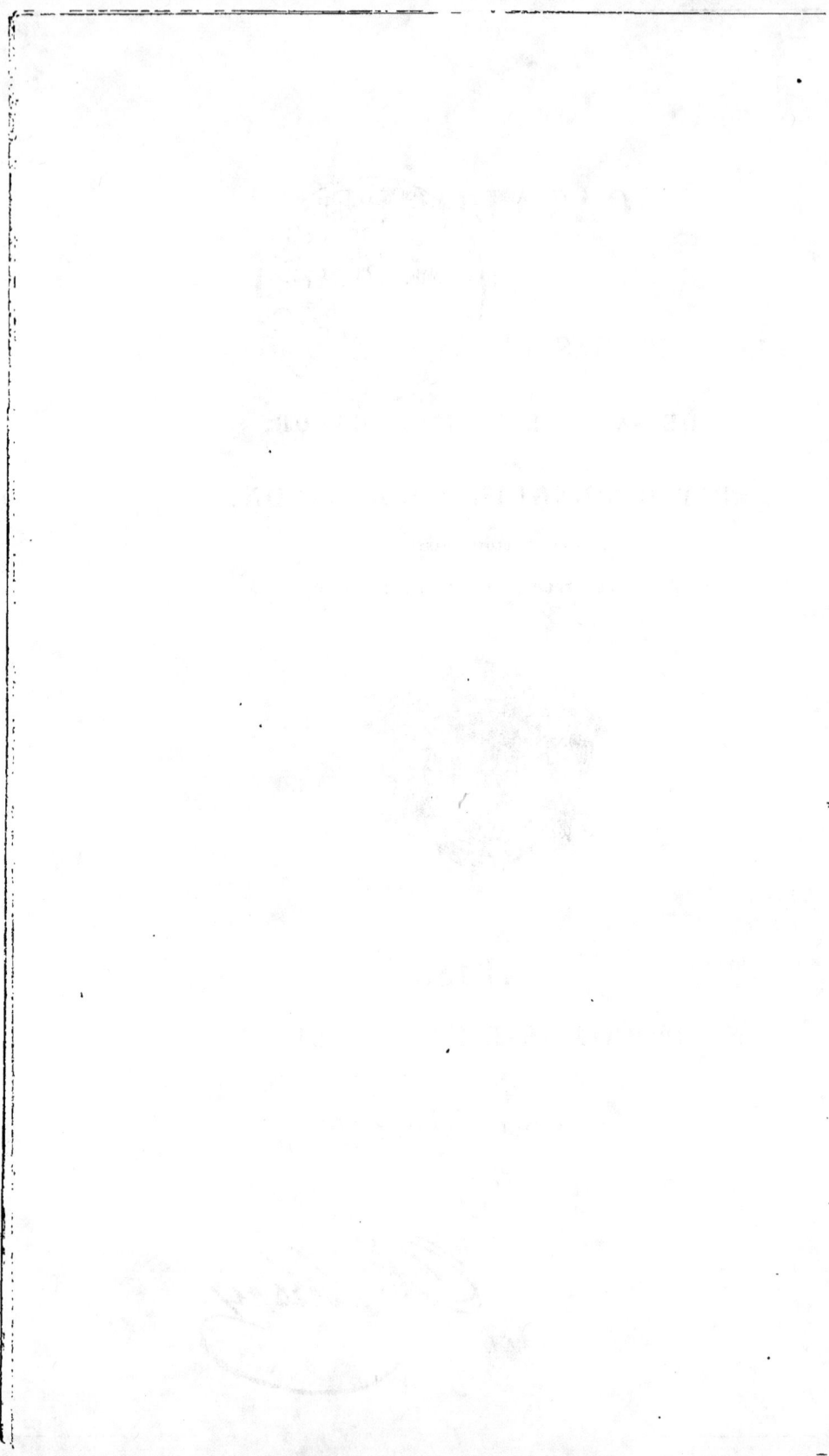

La formation du cabinet d'armes de Sa Majesté l'Empereur est récente : elle date de l'année 1861, époque de la vente de la collection des armes du prince Soltikoff. Cette collection fut achetée par Sa Majesté et forme encore la partie la plus considérable du cabinet d'armes, qui reçut plus tard les acquisitions particulières de l'Empereur et les différents lots d'armes du Musée du Louvre, lots dépendants du domaine de la Couronne.

Ces trois provenances, dans le Catalogue ci-joint, sont désignées ainsi :

Les pièces provenant de la collection du prince Soltikoff, C. S.

Celles qui ont été acquises par Sa Majesté, A. S. M.

Celles enfin qui appartiennent au Musée du Louvre, M. L.

NOMENCLATURE

D'UNE ARMURE COMPLÈTE

DE LA FIN DU XVᴇ SIÈCLE.

———

L'habillement de tête est l'armet, qui fut le dernier casque de l'homme d'armes.

(Voir les casques.)

LE COLLETIN. — Cette pièce de l'armure défend le cou et le haut de la poitrine; c'est elle qui supporte le poids de l'armure des bras et de celle du corps proprement dite. Elle se compose de deux pièces séparées et reliées : 1° par une charnière sur laquelle elles tournent; 2° par un bouton entrant dans une coulisse à queue, qui ferme le colletin du côté droit. Ces deux pièces sont quelquefois d'un seul morceau, quelquefois composées de trois lames mobiles à recouvrement, particulièrement la pièce de devant.

LA CUIRASSE. — Elle se compose de deux pièces, le plastron et la dossière. Le plastron défend la poitrine;

la dossière, le dos de l'homme d'armes. La construction et les formes de la cuirasse ont varié à différentes époques, et fournissent certains caractères auxquels on reconnaît la date de l'armure.

Au milieu du xv⁰ siècle, chacune de ces pièces était formée de parties mobiles. La pansière, partie inférieure du plastron et qui en est séparée, souvent articulée, est une pièce d'armes qui caractérise la seconde moitié du xv⁰ siècle, etc.

Le plastron se relie à la dossière au moyen de courroies faisant fonction de bretelles, passant par-dessus les épaules, s'appuyant sur le colletin, et de bandes ou de crochets de côté, quelquefois remplacés, dans les derniers temps, par une simple courroie de ceinture.

ARRÊT DE LA LANCE. — On désigne généralement cette pièce par le mot moderne *faucre*, au lieu de *arrêt de la lance*, *arrêt ferme* des anciens écrivains.

C'est cet accessoire de la cuirasse qu'on remarque à la partie droite du plastron; il est destiné à recevoir la hampe de la lance au moment de la charge. Mettre la lance en arrêt s'appelait *coucher le bois*.

Le faucre est tantôt fixe, tantôt à charnières. Il varie de forme, depuis la seconde moitié du xv⁰ siècle, où il commence à être en usage, jusque sous le règne de Henri IV, où il disparut avec la lance (1605).

La présence ou l'absence du faucre dans les beaux temps de l'armure, jusqu'à la moitié du XVIe siècle, indique le harnais d'un homme d'armes ou celui d'un écuyer, d'un chevau-léger, ou d'un capitaine de gens de pied.

La braconnière. — On nomme ainsi l'ensemble des lames mobiles qui, descendant de la cuirasse vers les cuisses, forment la défense du ventre et des hanches. Le nombre de ces lames varie de une à cinq. Les lames sont quelquefois nommées *faltes*. Ce mot se trouve aussi employé pour désigner la pièce de mailles qui se plaçait entre les cuisses et fermait l'armure, quand on ne portait pas la braguette.

Tassettes. — Plaques d'acier qui se fixent à la dernière lame de la braconnière pour compléter la défense du haut de la cuisse. Elles varient de nombre et de forme suivant les époques. En tuiles et d'un seul morceau, elles caractérisent la seconde moitié du XVe siècle; arrondies et articulées, elles se rencontrent dans tout le XVIe siècle.

Garde-reins. — Pour défendre les reins, que ne couvrent pas la braconnière et les tassettes, on employait le garde-reins, articulé à deux ou trois lames, et portant une pièce de mailles particulière. Ce garde-reins est quelquefois coupé en pointe dans les armures du xve siècle.

BRASSARDS. — Les bras sont défendus par des cylindres d'acier ; on distingue le brassard d'arrière-bras et le brassard d'avant-bras, souvent nommé *canon*. Ils sont liés ensemble par une pièce particulière qui défend l'articulation du coude en lui laissant son mouvement. C'est la cubitière ou garde-bras (le grand garde-bras est une pièce d'armure de joute). La forme de la cubitière a beaucoup varié, et offre encore un moyen de déterminer l'époque de l'armure : en pointe et simple au xve siècle, arrondie et à grands ailerons à la fin du xve siècle, se compliquant de lames articulées et diminuant de proportions au xvie. Dans le dernier temps de l'armure, sous Louis XIII. les ailerons sont extrêmement petits ; la partie intérieure du brassard est construite à lames mobiles et à recouvrement.

La cubitière permet de plier le bras, mais il faut encore qu'il puisse tourner sur lui-même ; pour arriver à ce résultat, l'arrière-bras est divisé en deux parties, l'une fixe supérieure, portant une gorge, l'autre mobile, armée d'une saillie qui entre dans la gorge de la partie fixe et les maintient toutes deux liées entre elles, sans empêcher le mouvement de torsion du bras.

ÉPAULIÈRE. — Pièce d'armes qui relie les brassards à la cuirasse, couvre l'épaule et complète la défense du corps. Quand on combattit à pied, les deux épaulières furent symétriques. Quand on remonta à cheval, dans la seconde moitié du xv⁰ siècle, il fallut donner plus de force à l'épaulière de gauche qu'à celle de droite ; cette dernière fut raccourcie et évidée, pour permettre au cavalier de coucher plus facilement le bois de la lance sur l'arrêt ferme de la cuirasse. L'épaulière de gauche reçut d'abord un grand développement ; puis ces saillies du milieu du xv⁰ siècle qui précédèrent les grandes passe-gardes de la fin du xv⁰ et du commencement du xvi⁰. Les passe-gardes ou garde-collet sont formées par la dernière lame de l'épaulière, dressée normalement à la surface de l'armure et destinée, en arrêtant le coup de lance, à l'empêcher de glisser jusqu'au colletin. La dimension de la passe-garde a beaucoup varié : assez faible vers le milieu du xv⁰ siècle, très-considérable sous Charles VIII, Louis XII et François Iᵉʳ, et commençant à disparaître sous Henri II. Les épaulières redeviennent symétriques à la fin du xvi⁰ siècle et au xvii⁰.

L'ensemble des brassards et de l'épaulière se relie au colletin par des brides ou des courroies à œillets entrant dans des pivots à clavette.

L'aisselle de droite, laissée à découvert, était défendue par des rondelles, dites *rondelles de plastron,* ou enfin par les goussets de mailles qui se plaçaient directement sous l'aisselle; pièces rares, dont il est souvent question dans les anciens écrivains.

Outre ces grandes épaulières de l'armure de l'homme d'armes des compagnies d'ordonnance, on remarque souvent de petites épaulières qui s'arrêtent au défaut de l'épaule, et devaient convenir aux écuyers et aux chevau-légers, qui ne combattaient pas en ligne. La défense des épaules était alors assurée par des rondelles et des pièces de mailles ou goussets. Toutes les épaulières sont construites de plusieurs lames arti-culées à recouvrement, dont la forme changea avec les époques. Les plus ingénieuses sont celles du temps de Henri IV, dont la disposition en éventail permet de rapprocher le bras du corps.

Nous devons dire cependant que les mouvements qu'un homme d'armes pouvait faire avec son bras étaient très-restreints; ainsi il ne pouvait pas porter la main au-dessus de son casque, etc.

UISSARDS OU CUISSOTS.—Pièces d'armes servant à la défense des cuisses. Les plus anciens sont d'un seul morceau. Ceux de la fin du xve siècle sont courts, ar-ticulés à plusieurs lames; les dernières portent une garniture de cuir percée d'œillets métalliques qui recevaient les lacets servant à lier cette pièce à une ceinture de dessous. Dans toutes les armures de cheval, la partie postérieure du cuissot n'existe pas. Elle est établie dans les armures destinées aux combats de champs clos où l'on se battait à pied. Le cuissard est maintenu sur la cuisse par des lanières et des boucles.

GRÈVES. — Pièces d'armes destinées à la défense des jambes. La grève, enveloppant en entier la jambe, se compose de deux parties, reliées d'un côté par des charnières, autour desquelles elles tournent, de l'autre par les crochets qui les ferment ou par des boutons à œillets.

Dans le beau temps de l'armure, à la fin du xve siècle, elles sont souvent d'une belle forme, digne d'être remarquée. Dans le milieu du xve siècle, les grèves s'interrompent à la cheville et laissent voir la maille entre elles et la chaussure. Dans le commencement du xvie siècle, elles se prolongent jusqu'au-dessous de la cheville, comme des sous-pieds, et se relient par des lames articulées au soleret proprement dit.

GENOUILLÈRES.—C'est la pièce qui couvre le genou et relie le cuissot et la grève. Elle se compose d'une partie arrondie destinée à recevoir la rotule, d'une aile plus ou moins développée, suivant les modes du

temps, divisée en deux ailerons, et de quatre lames
posées à recouvrement, deux en haut et deux en bas,
pour lier les mouvements de cette pièce d'armes à
ceux de l'articulation.

PÉDIEUX OU SOLERETS. — La chaussure de l'homme
d'armes se compose généralement de lames d'acier
articulées dans la partie comprise entre les doigs du
pied et la grève ; d'une partie pleine, qui recouvre
les doigts ; d'une semelle en cuir, quelquefois en lames
de fer articulées, pour suivre le mouvement du pied,
et d'une pièce défendant le talon, s'ouvrant et se fer-
mant sur charnières comme une porte de poële. La
partie de la grève qui descend sur les chevilles complète la défense du pied. La forme du pédieu a varié
suivant les époques et sert de caractère pour déterminer la date de l'armure. En pointe au xiv⁰ siècle ;
en pointe exagérée, dite *poulaine,* au xv⁰, de forme
carrée à partir de Charles VIII. en bec de cane à la
fin de Henri II et sous les petits Valois, il disparaît
avec les grèves à la fin du xvi⁰ siècle.

GANTELETS. — Les gantelets changent de formes à
différentes époques. Au xiii⁰ siècle. c'est le prolongement du haubert qui les fournit sous la forme d'une
sorte de sac, le pouce séparé.

Au xiv⁰ siècle. les doigts sont séparés. souvent armés d'écailles d'acier; le dessus de la main est recouvert de buffle ou de cuir à plaques de métal. Au xve siècle commence le miton, qui ne présente plus de doigts séparés et est formé seulement de lames disposées dans le sens des grandes divisions de la main.

L'armure de Jeanne d'Arc, mentionnée dans le catalogue de Dezest, avait des mitons, ce qui prouve leur usage en 1430.

Ce miton fut employé jusqu'à l'apparition du pistolet (milieu du xvie siècle), qui exigea le retour du gantelet à doigt séparés. C'est la dernière forme de cette pièce de l'armure.

On distingue le canon ou revers, le dessus de la main composé de trois ou quatre larges écailles, et les doigts, sur lesquels on compte quelquefois jusqu'à quinze écailles; le tout est cousu sur un gant ordinaire en peau d'élan.

ARMURES.

1. Armure complète du milieu du xve siècle; simple, en acier poli, elle présente la pansière, les solerets dits *à la poulaine*, les tassettes en tuiles. Ces pièces caractérisent l'armure de cette époque. L'armet est de l'origine de cet habillement de tête (vers 1440). Cette armure est légère. Ses défenses étaient complétées par la cotte de mailles qui se portait dessous. A. S. M.

2. Armure de la fin du xve siècle ou du commencement du xvie. Armet à ventail percé d'ouvertures verticales. Plastron, uni, d'une seule pièce, de forme bombée. Épaulières à passe-gardes égales. Tassettes développées. Mitons, pédieux de forme carrée.

Ce harnais est postérieur à la date de 1480. C'est du moins à cette époque que cessa en France la mode des poulaines. Il présente un des plus beaux spécimens de l'armure de cette époque.

3. Armure maximilienne, cannelée, portant les deux gardes, ses garde-collets égaux et sa rondelle de droite. Armet à mézail ordinaire et à gorgerin articulé. Ces armures, mises en usage par Maximilien Ier, à la fin du xve siècle, furent portées en Allemagne jusque dans le milieu du xvie. A. S. M.

4. Armure maximilienne, cannelée à larges cannelures; son armet, qui porte un mézail à soufflet, a son gorgerin d'une seule pièce. C. S.

5. Armure maximilienne, cannelée, portant sa rondelle de droite. Elle n'a de passe-garde que du côté gauche.

L'armet à soufflet présente une forme rare et curieuse : son mézail s'emboîte immédiatement sur le colletin sans gorgerin. Le casque porte une queue, dans le genre des salades, et indiquerait une époque voisine de cette espèce d'habillement de tête (milieu du xve siècle). C. S.

6. Armure maximilienne ; le plastron est cannelé à petites cannelures. Elle porte ses deux passe-gardes et la rondelle de droite. Son armet,

à crête ciselée en torsade, présente un gorgerin articulé. C. S.

7. Armure maximilienne, cannelée, présentant les deux passe-gardes (celle de gauche plus considérable que celle de droite) et sa rondelle de droite. L'armet, dont le mézail est à soufflet, est pourvu d'un gorgerin d'une seule pièce. C. S.

8. Armure maximilienne à bandes cannelées. Colletin articulé. Deux passe-gardes. Rondelle de droite. Le casque présente une visière mobile au-dessus de la vue du mézail (disposition exceptionnelle). C. S.

9. Armure de la première moitié du xvie siècle portant ses deux passe-gardes et sa rondelle de droite. Le plastron présente une forte arête relevée au tiers de sa longueur (cette forme d'arête médiane est particulière à l'époque de François Ier). Une bande gravée très-finement aux passe-gardes, aux cubitières, au plastron et aux tassettes indiquerait l'art allemand, quoique les bandes des tassettes paraissent d'un goût

italien. Armet ordinaire à gorgerin articulé.
Gantelets à doigts séparés. C. S.

10. Armure allemande du milieu du xvie siècle, comme l'indiquent les costumes d'homme
et de femme gravés aux gantelets. Richement
ornée de bandes gravées. Son plastron présente
cette arête en saillie qui caractérise le premier
tiers du xvie siècle. Armet de forme ordinaire.
Le gorgerin à gorge ciselée en torsade reçoit la
saillie du colletin. Tassettes en tuiles presque
carrées et arrondies. C. S.

11. Armure de chevau-léger ou d'écuyer,
italienne, de la première moitié du xvie siècle.
Les brassards, d'une forme curieuse, imitent
les manches du costume civil. A bandes repoussées, gravées et autrefois dorées. Le casque léger,
à grille, est d'une forme rare et à remarquer.
L'absence du faucre au plastron et des passe-
gardes indique que cette armure n'était pas celle
d'un homme d'armes. C. S.

12. Armure allemande de la seconde moitié
du xvie siècle, richement ornée de bandes gra—

vées. Arête médiane du plastron relevée en pointe. Elle porte, du côté droit, un médaillon gravé autour duquel on lit l'inscription singulière en allemand : *O Dieu, ne conserve plus amour, âme, bien et honneur.* Le médaillon représente Daniel dans la fosse aux lions, entouré de bêtes féroces et auquel apparaît un ange. L'armet, de forme ordinaire, n'est pas celui de l'armure. C. S.

13. Armure allemande de la même époque; richement ornée de bandes gravées; le plastron, à arête relevée en pointe, porte, du côté gauche, des armoiries complètes; du côté droit, le Christ en croix. Le casque, espèce de bourguignote à mézail ou bavière articulée dont le timbre se termine en pointe, est à remarquer. Les solerets n'ont point la forme ordinaire. Les tassettes, de petites dimensions, portent un ornement fortement repoussé. Cette pièce d'armes, pourvue de ses deux passe-gardes, présente un ensemble original, qui se distingue des armures ordinaires de cette époque.

14. Armure complète du chevalier Christophe

Furer, qui fut commandant de Nuremberg en 1567.

Ce harnais est d'une armure d'écuyer ou de chevau-léger. Elle ne porte pas de faucre, et les brassards ne présentent ni les épaulières ni les passe-gardes des hommes d'armes. Telle qu'elle est, elle est complète, n'ayant point eu de grèves ni de solerets.

On remarque, placés sur le support de cette armure, une dague, une épée, une paire d'éperons, un livre et un petit modèle du Saint-Sépulcre. Tous ces objets proviennent du même personnage, qui fit un voyage à Jérusalem, en publia une relation, et rapporta la reproduction du Saint-Sépulcre ci-jointe. Provenant de la famille du comte Furer. A. S. M.

15. Armure complète de l'époque de Henri II. Française. Les garde-collets ou passe-gardes ont disparu. Les deux épaulières articulées, de grandes dimensions, surtout celle de gauche, les ont remplacées. Le plastron, allongé et présentant une arête médiane prononcée, est conforme au costume civil de l'époque. La tassette

et la cubitière de gauche ont plus de force que les pièces correspondantes de droite. La cubitière de gauche porte une vis pour y placer le grand garde-bras de l'armure de joute. Les gantelets sont à doigts séparés. Il n'y a pas de solerets. C. S.

16. Armure italienne de la fin du xvie siècle ou du commencement du xviie. A bandes gravées et dorées. Elle ne porte plus de faucre, l'usage de la lance ayant disparu. Épaulières inégales, articulées, sans passe-gardes. Armet de la dernière forme de cet habillement de tête. Solerets de forme arrondie. C. S.

17. Armure italienne d'un capitaine de gens de pied de la fin du xvie siècle. La date est donnée par le costume de la petite figure qui se voit à la partie supérieure du plastron. Larges bandes gravées, tassettes de forme carrée. Le casque, qui est un armet de gens d'armes, n'est pas celui de l'armure : ce dernier devait être une bourguignote ou un morion. C. S.

18. Armure italienne, de la seconde moitié

du xvie siècle, complète. A fond bruni couvert
de dessins à rinceaux gravés et dorés d'une grande
richesse. Elle porte le faucre et ses garnitures
encore complètes. Ses solerets se composent de
pièces de mailles et de parties pleines. Les extrémités sont arrondies. L'armet à gorgerin articulé est de la forme ordinaire. A. S. M.

19. Armure allemande, de la fin du xvie siècle
ou du commencement du xviie, à bandes richement gravées. Casque à grille portant une pointe
au timbre. Plastron à arête médiane, se rele-
vant en saillant arrondi vers le tiers. Grandes
tassettes articulées (la droite est plus courte que
la gauche). On remarque dans les gravures du
plastron les figures d'un fleuve et d'un satyre.
Ce harnais était celui d'un chevau-léger ou d'un
écuyer. A. S. M.

20. Armure du commencement du xviie siècle
ou de la fin du xvie. L'armet à grille est de la dernière forme en usage sous Louis XIII.

Cette pièce d'une beauté exceptionnelle, fort
rare, est entièrement ornée de figurines et d'ornements repoussés d'une exécution remarquable.

Les fonds étaient autrefois dorés. C'est un des beaux et derniers spécimens du bel art décoratif italien du xvie siècle, qui allait disparaître.

On remarque sur le plastron la figure de Mutius Scevola mettant sur le feu d'un autel le poing et le poignard qui venaient de manquer Porsenna.

C'était une armure de parement. Elle provient de la famille de Perclass (château d'Hooc, près d'Ypres).

S. M. l'Impératrice en a fait don à l'Empereur en décembre 1866.

21. Armure italienne, de la fin du règne de Louis XIII, portant sur la lame qui termine le plastron l'inscription : *Lorenzo Guiano Brescia fecit*. A bandes alternatives brunies et dorées. Ce beau harnais est pourvu d'un double plastron, et pouvait ainsi servir à la guerre de siége. Le plastron et le double plastron portent les traces de balles d'épreuve. Le casque est le dernier porté; c'est une espèce de bourguignote à nasal mobile. A. S. M.

22, 23 et 24. Ces trois numéros forment

une panoplie complète, comprenant l'armure de l'homme d'armes, 22, l'armure du cheval, 23, l'armure du capitaine d'hommes de pied, 24.

L'armure d'homme d'armes présente les épaulières semblables et articulées, les brassards articulés à l'intérieur et les petites cubitières, les grands cuissards remplaçant les tassettes, la braconnière et les petits cuissards des armures du xvie siècle, les gantelets à doigts séparés, les solerets à bouts arrondis. Le plastron, à arête, est allongé en pointe, conformément au costume civil ; l'armet, de la dernière forme en usage, présente un grand gorgerin articulé ; il a pour cimier une fleur de lis épanouie en cuivre doré.

Le harnais de cheval, 23, présente au complet toutes ses pièces : le chanfrein dont l'extrémité est taillée en bec, la barde de crinière à plaques articulées, la barde de poitrail, les flanquois et la pissière. Il n'a rien, du reste, de particulier.

L'armure d'homme de pied, 24, se compose d'une bourguignote à cimier mobile, à grand gorgerin, d'un hausse-col ou colletin de fortes dimensions, de deux cuissards et d'une rondache

ou rondelle, ayant encore ses crépines d'argent
doré. Le harnais se complétait par une casaque
en buffle.

Toutes les pièces de cette remarquable panoplie sont richement ornées de bandes poinçonnées et dorées. Le goût général des ornements,
malgré leur richesse, indique la décadence de
l'art du xviᵉ siècle.

Selon toute probabilité, ce harnais a appartenu au roi Louis XIII. Le cimier du casque est
une fleur de lis épanouie.

Or le cimier avait une signification héraldique
déterminée par les règles du blason; les princes
de la famille royale avaient seuls le droit de
porter la fleur de lis. (Une fleur de lis de même
forme se trouve au sceptre de Henri IV, dans une
gravure du temps.) Cette armure est celle d'un
jeune homme de vingt à vingt-cinq ans, et au-
rait été faite vers 1630.

On sait du reste que le roi Louis XIII et le
cardinal de Richelieu firent tous leurs efforts
pour ramener l'usage de l'armure complète dans
les compagnies d'ordonnance, usage qui com-
mençait à être généralement abandonné. Il est

possible que Louis XIII ait fait faire cette panoplie complète à cette époque, afin d'essayer de
retenir par son exemple la noblesse française
dans les anciens usages de l'armement de pied
en cap.

Donnée à S. M. l'Empereur par S. M. l'Impératrice, le 15 août 1862.

25. Armure d'un capitaine de piquiers du
règne de Louis XIII. Elle est à remarquer par
la forme de ses grandes tassettes, carrées et articulées à six lames, la dernière double des
autres, et par de courtes épaulières qui se rencontrent rarement à cette époque. A. S. M.

26. Armure complète de capitaine de la maison du roi, fin du règne de Louis XIII. La forme
du casque, en chapeau de fer à nasal mobile, à
oreillères et couvre-nuque articulé, est remarquable. Toute l'armure, en fer noirci, est ornée
de clous dorés et de marques poinçonnées. Les
cuissards peuvent se séparer; on ramène ainsi
l'armure aux proportions d'une armure de pied.
Les genouillères et les épaulières portent des
têtes de lion. Ce harnais intéressant est encore

muni des anciennes garnitures en velours vert
et or. A. S. M.

27. Armure simple de piquier, de la fin du
règne de Louis XIII. Elle porte la bourguignote
à nasal, les deux brassards et les tassettes carrées sans braconnière. A. S. M.

ARMURES DE JOUTE ET DE TOURNOI.

28, 29, 30, 31. Quatre armures de joute,
allemandes, de la seconde moitié du xv⁰ siècle,
en acier poli, complètes, portant leurs rondelles,
leurs heaumes et leurs targes. Ces dernières sont
convexes, revêtues d'une mosaïque en disques
de corne de cerf.

Deux de ces armures sont cannelées; elles ne
diffèrent, du reste, entre elles, que par quelques
détails sans importance. Les nᵒˢ 28 et 29, offrent
des rondelles de lance d'une forme particulière et
intéressante. Elles sont placées sur les supports.

Ces pièces, d'une fabrication remarquable et
d'une grande rareté, proviennent de la vente
du prince Soltikoff. C. S.

32 et 33. Deux armures semblables de joute, époque de Henri II, comme l'indique la forme du plastron de la cuirasse, en pointe prononcée, conformément aux modes du costume civil.

Ces deux harnais intéressants présentent le manteau d'armes ou le placard qui remplaça les grands garde-bras et les pièces de renfort des anciennes armures de joute.

L'habillement de tête offre la *haute pièce* qui remplaça le mézail, le gorgerin et le colletin de l'armet ordinaire. Ce fut l'une des dernières formes du harnais de joute. C. S.

34. Armure de joute de l'époque de Louis XIII, telle qu'elle est donnée dans l'ouvrage de Pluvinel.

C'est ce que l'on nommait le *haut appareil*. L'habillement de tête présente, comme celui de l'armure précédente, la haute pièce; puis vient le placard de gauche qui se vissait par-dessus le grand garde-bras et le grand miton, qui couvrait complétement l'avant-bras et la main gauche. Les solerets faisaient l'office des étriers. C. S.

ARMURES D'ENFANT.

35 et 36. Sous ces deux numéros, deux armures d'enfant, semblables, de joute; allemandes, de la fin du xvᵉ siècle. Blanches, en acier poli. Elles se composent de la salade, du plastron portant un faucre à grande queue, de la braconnière articulée et des deux garde-cuisses. Elles présentent sur leur support les deux rondelles de lance d'une forme allongée assez rare. C. S.

37 et 38. Deux armures d'enfant, de la première moitié du xviiᵉ siècle. Complètes, ornées, l'une de clous en cuivre, l'autre de clous en acier et de têtes de lion en cuivre. C. S.

39. Armure d'enfant se composant de l'armet, du corselet et des brassards à épaulières articulées. Elle est ornée de clous en cuivre et porte encore ses anciennes garnitures. C. S.

40. Sous le même numéro, quatre petits modèles d'armures : deux de joute, la troisième de capitaine de gens de pied, la quatrième, complète, d'homme d'armes sous Louis XIII. C. S.

FRAGMENTS D'ARMURES.

41. Sous ce numéro, brassards, gantelets, cuissards, grèves et solerets d'une même armure allemande du commencement du xvie siècle, offrant dans leurs formes les imitations des crevés et des taillades du costume civil de l'époque. C. S.

42. Paire de brassards, arrière-bras et épaulières d'une armure de la seconde moitié du xvie siècle, à fonds bleuis et à rinceaux dorés d'un bel effet décoratif. C. S.

43. Plastron de la même armure. C. S.

44. Cuissard d'une armure de la première moitié du xvie siècle. Ornements gravés et dorés. Saillies repoussées fortement en formes d'écailles. C. S.

45. Garde-collet, ou passe-garde de gauche, d'une armure du xvie siècle, simple, à bordure gravée. C. S.

46. Garde-collet ou passe-garde d'une armure

du xviᵉ siècle. Richement orné de bandes gravées d'un travail italien. C. S.

47. Cuirasse complète (dossière et plastron),
braconnière et tassettes d'une armure italienne
du milieu du xviᵉ siècle. Couverte d'ornements
repoussés, d'un goût remarquable et d'une
grande richesse de composition. On remarque
au milieu du plastron deux figures de Chimère
dont les cols sont entrelacés, des rinceaux dans
lesquels sont engagés des oiseaux fantastiques,
etc. M. L.

48. Plastron de la fin du xviᵉ siècle, italien,
d'une armure de capitaine de gens de pied. A
bandes alternativement noircies et gravées. C. S.

49. Plastron d'une armure du milieu du
xviᵉ siècle. à bandes gravées et dorées. Allemand.
M. L.

50. Cuirasse complète, dossière, plastron et
petites tassettes, d'une armure de tournoi ou de
carrousel, du commencement du xviiᵉ siècle.
A fond bleu, à rinceaux, à feuillages dorés,
d'un effet décoratif assez large. C. S.

51. Hausse-col complet de la fin du xvie siècle, ou du commencement du xviie. Orné de sujets militaires, en relief, demi-ronde bosse, d'une exécution remarquable, travail français. M. L.

52. Hausse-col du règne de Louis XIII, en cuivre doré, entièrement gravé, ayant conservé ses garnitures. A. S. M.

53. Hausse-col du règne de Louis XIV, ayant conservé ses garnitures. Fond noir, ornements gravés et dorés. C. S.

54. Colletin articulé d'une armure du xvie siècle. Il imite les bouts du col de la chemise. C. S.

55. Hausse-col en cuivre doré, repoussé et ciselé, du règne de Louis XIII ou de Louis XIV. Le sujet représente la soumission d'un chef à son vainqueur. Les costumes sont à l'antique. M. L.

56. Petit hausse-col en cuivre doré, repoussé et ciselé, du xviie siècle. Le sujet représente un cavalier romain au galop. M. L.

2.

57. Rondelle d'armure portant au centre un ornement doré et gravé. Seconde moitié du xvie siècle. C. S.

58. Rondelle d'armure plus petite que la précédente. A bandes alternativement polies et gravées, bordée d'un filet saillant ciselé en torsade. Même époque. C. S.

59. Rondelle de lance, simple, unie, ornée de clous de cuivre. C. S.

60. Sous le même numéro, deux rondelles de lance plus grandes que la précédente, et, comme elle, unies et ornées de clous de cuivre. C. S.

61. Fragment d'une rondelle de lance de joute allemande. Fin du xve siècle et commencement du xvie. C. S.

62. Sous le même numéro, trois braguettes d'armure du xvie siècle. C. S.

63. Belle paire de gantelets d'une armure italienne du milieu du xvie siècle, richement gravée à bandes. (La composition du dessin est d'un goût remarquable.) C. S.

64. Miton d'une armure de joute allemande, du milieu du xvie siècle. A bandes gravées. C. S.

65. Gantelet de main gauche d'une armure de joute allemande, du milieu du xvie siècle. A grands revers. Une particularité de cette pièce est que les doigts sont joints deux à deux, le pouce seul maintenu libre. C. S.

66. Paire de gantelets d'une armure d'enfant. Clous en cuivre; simples, en acier poli. Fin du xvie siècle. M. L.

67. Paire de gantelets d'une armure de la seconde moitié du xvie siècle, simple, en acier poli. Portant au revers un filet saillant repoussé. C. S.

68. Sous le même numéro, deux fragments de gantelets du xvie siècle, à bandes gravées, d'un travail qui semble allemand. C. S.

69. Miton d'une armure de joute, entièrement doré. C. S.

70. Selle de la fin du xive siècle ou du commencement du xve, en bois de poirier sculpté, et

2..

bordée de cuivre doré. La selle entière (pommeau, siége et panneaux) offre des figures d'hommes et de femmes généralement en costume civil, mêlées à des arbres et des fleurs d'un dessin compliqué. Sur le panneau gauche on remarque un cavalier en armure. A l'un des côtés du siége, un jeune homme porte à la main un cœur enflammé et semble le présenter à une dame qui se voit au devant de la selle, etc. C. S.

71. Selle d'armes en fer, entièrement gravée. Fond de sable; rinceaux et feuillages, gravés et dorés, d'un beau dessin décoratif et d'un goût italien. Milieu du xvıᵉ siècle. C. S.

72. Selle d'armes, du plus beau goût italien et d'une exécution remarquable. Toute cette pièce est repoussée, ciselée et gravée avec finesse. Des figures de satyres, d'enfants, d'oiseaux, sont engagées dans des rinceaux à fruits et à feuillages. C. S.

73. Selle d'armes italienne, en fer repoussé et ciselé d'un bel effet décoratif. Le pommeau présente, en bas-relief, la figure de Mars; à

droite et à gauche de ce pommeau, des figures de génies portant des étendards. C. S.

74. Mors de bride d'un harnais de guerre du commencement du xviie siècle. Les bossettes, ciselées et gravées, sont bordées d'un filet ciselé en cuivre doré. Mors brisé. C. S.

75. Muselière d'un harnais de cheval allemand du milieu du xvie siècle, en fer repercé à jour d'un dessin fin et compliqué. Elle porte à son milieu la figure d'un lézard. C. S.

76. Muselière d'un harnais de cheval allemand du milieu du xvie siècle. Elle porte, au-dessus d'une figure en ronde bosse, un lézard à deux queues et l'aigle à deux têtes de l'empereur d'Allemagne. Cette pièce est ornée de petits anneaux mobiles en fil de fer tordu. C. S.

77. Chanfrein de tournoi, aveugle, en acier poli, cannelé, portant un frontail, une large rosace d'acier; allemand, de l'époque des armures maximiliennes. Ces chanfreins, dont les œillères étaient fermées, avaient pour objet d'empêcher les chevaux de se dérober au moment du choc ou de s'effrayer en suivant les lices. C. S.

78. Chanfrein d'un harnais de guerre de cheval, allemand, cannelé, de la même époque que le précédent. Il présente, à son milieu, une arête très-saillante ciselée en torsade, et deux pièces mobiles à charnières pour la défense des joues du cheval. C. S.

79. Chanfrein allemand, cannelé, de la même époque que le précédent. Il porte au frontal une rondelle circulaire plate, destinée à recevoir des armoiries. C. S.

80. Chanfrein allemand, analogue au précédent. C. S.

81. Chanfrein allemand de tournoi, de forme courte, s'arrêtant au-dessus des naseaux, orné de bandes richement gravées et dorées. Il porte au frontal des armoiries à plusieurs pièces. A. S. M.

82. Chanfrein italien d'une armure de parement, d'une grande richesse de composition et d'une exécution remarquable, en fer repoussé et ciselé. On voit au frontal une figure de Renommée soufflant dans deux trompettes. L'ornement, d'un grand style, présente des figurines,

des masques engagés dans des enroulements d'un bel effet décoratif. Seconde moitié du xvie siècle. C. S.

83. Chanfrein d'une armure de parement ayant appartenu à Ferdinand II, frère de Charles-Quint, et empereur d'Allemagne de 1558 à 1564. Cette pièce capitale, d'une grande perfection de travail, est enrichie de larges bandes chargées d'ornements et de figurines repoussées et ciselées, fonds noirs, damasquinés en or. Les armoiries de l'écusson du frontal sont celles d'Espagne, brisées d'un lambel, ce qui indiquerait que cette pièce précieuse a été fabriquée avant la mort de Charles-Quint (1558), lorsque Ferdinand n'était pas encore monté sur le trône d'Allemagne.

Sous le même numéro, les deux rondelles de la cuirasse et les deux cubitières de la même armure. On ne saurait trop admirer la perfection du goût et de l'exécution de ces pièces importantes. C. S.

84. Belle paire d'étriers en bronze doré, du commencement du xviie siècle ou de la fin du

xvie, ornés de sirènes et de mascarons en ronde bosse d'une belle exécution. C. S.

85. Paire d'étriers à grille, en fer doré et ciselé, d'une ornementation assez riche sans grande finesse d'exécution; de la même époque que les précédentes. M. L.

86. Paire d'étriers en acier, simple, autrefois doré; sans caractère bien précis; du xviie siècle. C. S.

87. Paire d'étriers en fer ciselé et doré, d'une forme triangulaire, assez rare à rencontrer. La sole est une grille percée de trous circulaires. C. S.

88. Paire de grands étriers en bronze ciselé. La sole est formée de deux barres rapprochées l'une de l'autre. C. S.

89. Paire d'étriers en bronze doré. Surmoulage moderne. M. L.

90. Éperon de grandes dimensions portant trois tiges, offrant chacune quatre molettes. Il

est orné de grosses bossettes repercées à jour, dorées et ciselées, de l'époque de Louis XIII. Cette pièce singulière peut être considérée comme ayant été l'emblème d'une corporation d'éperonniers ou quelque chef-d'œuvre d'ouvrier pour la maîtrise. C. S.

91. Paire d'éperons en fer doré, de l'époque de Louis XIII. La molette, de grande dimension, est une étoile à dix pointes. M. L.

92. Paire d'éperons en fer, damasquinés d'or, à filets noircis, d'un travail italien, de la fin du xvi⁰ siècle. Môlettes en rosaces repercées à jour et dorées. M. L.

93. Paire d'éperons en fer ciselé et doré, portant encore leurs boucles et leurs crochets. Molettes simples à étoiles à cinq pointes. C. S.

94. Paire d'éperons italiens. Fond noir, damasquiné en or, d'un travail de damasquine à remarquer. Ils portent encore leurs crochets. Fin du xvi⁰ siècle ou commencement du xviiᶜ. C. S.

95. Grande paire d'éperons en fer doré, à

grandes molettes repercées à jour de dimensions exagérées. Époque de Louis XIII. Molettes à quinze pointes. M. L.

96. Bel éperon de l'époque de Louis XIII, en acier ciselé, portant encore sa chaînette et ses crochets. Molette à six pointes repercée à jour d'un joli dessin. M. L.

97. Éperon de la même époque, en acier ciselé entièrement et très-finement. Jolie molette à cinq pointes, repercée à jour. M. L.

98. Éperon de même époque, en fer ciselé et doré en plein. Molette à quinze pointes en acier noirci. C. S.

99. Petit éperon en bronze ciselé et doré, portant ses crochets. Molette à huit pointes. M. L.

100. Éperon en fer noirci, repercé à jour. Molette à six pointes. M. L.

101. Éperon en fer noir, uni, portant sa boucle et ses crochets. Molette à douze pointes, et repercée à jour. M. L.

102. Paire d'éperons en fer ciselé, et damasquinés d'argent d'un travail remarquable. A. S. M.

103. Sous le même numéro, deux collets de
mailles de lansquenets allemands, garnis de
leurs quatre agrafes en cuivre, d'un travail
assez remarquable. C. S.

104. Collet de mailles sans garnitures à
mailles serrées et fines, d'une exécution remarquable. La partie supérieure de cette belle pièce
d'armes offre un exemple de la maille, en forme
d'O, qui donne plus de force au tissu. A. S. M.

105. Cotte de mailles sans manches, d'une
maille forte, grande, et d'une bonne fabrication.
Elle semble du xvie siècle. C. S.

CASQUES.

106. Bacinet de la fin du xive siècle et du
commencement du xve. Le mézail est d'un seul
morceau, et mobile au tour de deux boulons
placés à droite et à gauche du casque; il offre
cette forme pointue, à bec d'oiseau, qui carac-

térise l'habillement de tête de cette époque. Le gorgerin, lié à l'armure et faisant l'office de colletin, présente une disposition originale, fort rare à rencontrer. Ce genre de casque succéda au grand heaume du XIIIᵉ siècle. Il fallait, en effet, un casque plus léger que ce heaume, afin de pouvoir combattre à pied. On sait que l'usage de combattre à pied prit avec le commencement du siècle et se continua assez loin dans le XVᵉ. C. S.

107. Salade de guerre du milieu du XVᵉ siècle, allemande. Elle présente une crête unie sur son timbre. La salade succéda au bacinet du XIVᵉ siècle et fut l'habillement de tête des célèbres compagnies d'ordonnance créées par Charles VII (1445).

La défense du visage se complétait par la bavière liée au plastron de la cuirasse. C. S.

108. Petite salade de guerre, anglaise, simple, en acier poli. La visière, au lieu d'être fixe comme dans la plupart de ces casques, ou mobile autour de deux pivots, s'abaisse et se relève verticalement au moyen d'une coulisse qui

glisse sur quatre boutons à tête ciselée, fixés au timbre. Elle est en outre pourvue d'un couvre-nuque articulé à queue, composé de trois lames mobiles et dentelées. Milieu du xv⁰ siècle. C. S.

109. Grand heaume allemand, de joute, en acier poli. Cette pièce d'armes était fixée à l'armure, et le champion, pour voir devant lui, était obligé de baisser légèrement le corps en avant. Timbre arrondi et presque plat, en forme de lentille. Toutes les parties du casque sont liées entre elles d'une manière inflexible. C. S.

110. Grande salade de guerre, allemande, à queue en pointe, en deux morceaux assemblés par des clous à tête ciselée. La crête est formée de deux filets saillants repoussés. Visière mobile autour de pivots. Seconde moitié du xv⁰ siècle. C. S.

111. Salade de tournoi, ornée d'enroulements et de dessins d'un goût remarquable; elle est entièrement peinte ; elle porte à sa visière, mobile autour de deux pivots, une vis pour fixer une pièce de renfort et une crête prononcée.

Cette pièce, extrêmement rare, offre un spécimen de la manière dont on peignait alors les
armes défensives. Le goût de l'ornement est italien. Cette salade serait du commencement du
xviie siècle. C. S.

112. Salade de joute, allemande, de la fin
du xve siècle et du commencement du xvie; elle
présente une crête repoussée, de forme carrée,
et une sorte de griffe maintenant sur la partie
antérieure du timbre deux plaques mobiles; ces
plaques retenaient sur le casque le volet ou voile,
fait d'une étoffe précieuse, qui servait à parer
cet habillement de tête. Un coup estimé consistait
à enlever, avec le bréchet de la lance, l'une de
ces plaques mobiles qui laissait alors s'échapper
le volet. Les griffes et les plaques caractérisent
les salades de joute et servent à les distinguer de
celles de guerre.

On remarque sur celle-ci deux évents repercés
à jour et placés à droite et à gauche du timbre.
C. S.

113. Salade de joute, allemande, de la même
époque que la précédente. Elle offre une crête

de forme carrée, la griffe, les plaques mobiles et sa queue bordée d'un filet ciselé en torsade. Elle est faite de deux morceaux reliés entre eux par un rang de clous à tête ciselée. C. S.

114. Salade de joute presque semblable à la précédente ; elle ne diffère que par quelques légers détails de fabrication. C. S.

115. Sous le même numéro, deux salades italiennes du milieu du xve siècle, en acier poli, sans ornement. Elles sont analogues à celles que l'on voit représentées dans les bas-reliefs de l'arc de triomphe d'Alphonse V, dont on voit les moulages au Musée d'artillerie (1443). C. S.

116. Salade italienne, analogue aux précédentes ; elle en diffère par ses dimensions. C. S.

117. Armet allemand d'une armure maximilienne, cannelé, sans crête. Mézail à soufflet percé d'ouvertures longitudinales. C. S.

118. Armet d'une armure maximilienne. Crête de peu de saillie, de forme carrée. Timbre cannelé de larges cannelures. Le ventail arrondi est

cannelé comme le timbre. Gorgerin d'une seule pièce. C. S.

119. Armet de même espèce que le précédent. Crête bordée par un filet ciselé en torsade. Ventail à soufflet percé d'ouvertures longitudinales. Gorgerin d'une seule pièce. C. S.

120. Armet de même espèce que le précédent. Le ventail est arrondi et porté en avant comme dans certains bacinets du xive siècle. Crête largement repoussée et dentelée. Ce casque se liait à l'armure par une gorge entrant dans la saillie du colletin. C. S.

121. Armet de même espèce que le précédent, à timbre cannelé. Le mézail, à soufflet, présente cette particularité que le ventail et le nasal sont également percés d'ouvertures et semblent, quoique séparés, ne faire qu'une seule pièce. Crête à filets saillants. Le gorgerin est de petite dimension. C. S.

122. Armet de même espèce que le précédent. Timbre cannelé. Arête de peu de saillie, ciselée en torsade. Le mézail présente un ven-

tail arrondi et cannelé comme le timbre. Le nasal est percé de deux ouvertures en forme d'S. Petit gorgerin à lames articulées. C. S.

123. Armet d'une armure maximilienne cannelé à larges cannelures disposées quatre par quatre. Mézail d'un seul morceau. Le nasal et le ventail percés de trous circulaires groupés trois par trois. Gorgerin simple sans articulation faisant corps avec la bavière. Le casque se posait simplement sur l'armure en s'appuyant sur le colletin sans s'y engager par une rainure. Fin du xvᵉ siècle ou commencement du xviᵉ siècle. Couvre-nuque articulé à deux lames. A. S. M.

124. Armet maximilien de la même époque que le précédent. Crête en torsade ciselée. Timbre cannelé à larges cannelures régulières. Mézail d'un seul morceau, le ventail à cannelures saillantes. Ce casque se posait simplement sur le colletin comme le précédent. A. S. M.

125. Armet maximilien du commencement du xviᵉ siècle. Crête ciselée. Timbre à petites cannelures. Mézail dit à soufflet, percé de dix ouvertures horizontales. Bavière et gorgerin d'un seul morceau. Couvre-nuque articulé à trois lames. La partie postérieure du timbre est ornée de 7 rosaces grossièrement sculptées. A. S. M.

126. Armet maximilien presque semblable au précédent. Il en diffère par un travail plus fin, par une crête plus prononcée. Son couvre-nuque est articulé à 4 lames. Les rosaces de la partie postérieure du casque sont remplacées par des clous. A. S. M.

127. Armet maximilien. Timbre cannelé en entier, sans arête. Mézail à soufflet. Petit gorgerin à lames articulées. C. S.

128. Armet maximilien, cannelé à filets. Arête en cordon saillant, ciselée en torsade. Mézail de forme arrondie; le ventail percé d'ouvertures verticales. Petit gorgerin à lames articulées. C. S.

129. Armet maximilien. Timbre entièrement cannelé, sans arête. Mézail à soufflet, fortement projeté en avant. Gorgerin d'un seul morceau,

terminé par un filet saillant, ciselé en torsade. C. S.

130. Armet allemand, en acier poli, simple, portant une arête de peu de saillie et sa rondelle de volet à la partie postérieure du timbre. Mézail en pointe peu prononcée, percé (nasal et ventail) d'ouvertures longitudinales. Il s'assemblait à l'armure au moyen d'une gorge qui recevait le filet saillant du colletin. C. S.

131. Armet italien, de la fin du xve siècle ou du commencement du xvie. Arête de peu de saillie. Large frontal, découpé. Mézail d'une seule pièce, en pointe, comme dans certains bacinets du xive siècle. Le ventail est criblé d'ouvertures circulaires à sa partie droite. Gorgerin s'ouvrant en deux parties au moyen de charnières placées des deux côtés du timbre. Rondelle de volet mise à la queue du timbre. Elle est dorée ainsi que la bande gravée du gorgerin et les portions du mézail qui avoisinent les charnières. C. S.

132. Armet, de même époque que le précédent, en acier poli. Timbre portant une arête prononcée. Frontal découpé. Mézail d'un seul morceau et en pointe. Le gorgerin, comme dans le casque précédent, s'ouvre en deux parties au moyen de charnières. Rondelle de volet placée à la queue du timbre. Ces habillements de tête ont été en usage sous le règne de Charles VIII, de Louis XII et au commencement de celui de François Ier. C. S.

133. Armet, de même époque, italien. Arête formée de deux cordons ciselés en torsade. Bandes et ornements finement gravés. Le frontal fait partie du mézail, qui est d'un seul morceau et mobile sur pivots. La mentonnière s'ouvre en deux parties au moyen de charnières qui se voient sur les côtés et au bas du timbre. Cet armet se liait à l'armure par une gorge et le filet saillant du colletin. C. S.

134. Bel armet allemand, de même époque et de même construction que le précédent. Richement orné de bandes dorées et gravées avec la plus grande finesse. Décoration repoussée et gravée. Le ventail et le nasal sont criblés d'ouvertures circulaires. C. S.

135. Armet italien, de la première moitié du
XVIᵉ siècle. Le mézail, d'un seul morceau, forme
une pointe prononcée et relevée en avant. Timbre
à arête, décoré de bandes gravées sur lesquelles
on distingue deux médaillons et des figures de
chimères. Gorgerin à gorge, recevant la saillie
du colletin. C. S.

136. Armet italien, de la même époque.
Timbre à crête, bordé d'un filet saillant ciselé
en torsade. Richement orné de gravures aux
deux côtés du timbre et du mézail. Le frontal,
la vue et le nasal, très-court, sont d'une seule
pièce, séparés du ventail. Gorgerin à gorge.
C. S.

137. Armet italien, de la même époque et de
la même construction que le précédent. Crête
fortement prononcée, bordée d'un filet saillant
et richement gravée. Les gravures du timbre représentent des soldats romains combattant. Mézail en deux pièces, orné de bandes gravées.
Gorgerin à gorge. C. S.

138. Armet russe de fabrication allemande.
Timbre à arête adoucie, entièrement orné de

bandes gravées de la fin du xvi° siècle ou du commencement du xvii°. On remarque sur le frontal l'aigle à deux têtes de Russie, portant en cœur l'écusson national. C. S.

139. Armet italien de la seconde moitié du xvi° siècle. Arête prononcée, bordée d'un filet taillé en torsade. Il est richement orné de bandes finement gravées, d'un dessin d'un goût remarquable. Le mézail est de deux pièces. La mentonnière est munie d'une petite tige mobile en fourche, qui servait à maintenir le mézail quand il était relevé sur le timbre. Gorgerin articulé à trois lames. C. S.

140. Armet italien, du milieu du xvi° siècle. Il est entièrement couvert d'ornements d'un goût et d'une exécution qui ne laissent rien à désirer. On remarque principalement des figures de génies mêlées aux rinceaux en feuillage qui forment la décoration du timbre. Le ventail paraît d'une autre main et d'un artiste inférieur. Cet armet n'était pas un casque de guerre, mais une de ces belles pièces, dites de *parement*, qui faisaient la richesse des cabinets d'armes du xvi° siècle. C. S.

141. Bel armet italien, de même époque. Timbre à arête prononcée, à filets; décoré de bandes et d'ornements gravés; mézail en deux pièces. Le ventail se relie à la mentonnière au moyen d'une goupille à ressort dont on voit le bouton ciselé. Gorgerin articulé à trois lames. C. S.

142. Armet italien de la même époque, à crête très-prononcée et dentelée; entièrement orné de bandes gravées, d'un bon effet décoratif. Gorgerin articulé à trois lames. C. S.

143. Armet du milieu du xvie siècle. Crête de peu de saillie ciselée et autrefois dorée. Porte-plumail à la partie postérieure. Timbre en acier poli décoré de bandes, et à son milieu d'un bel ornement gravé et doré. Mézail de deux pièces, l'une formant la vue et le nasal très-court, l'autre le ventail percé d'une large ouverture carrée pouvant s'ouvrir et se fermer. Bandes gravées et dorées comme le timbre, sans gorgerin ni couvre-nuque, s'encastrant dans la saillie du colletin par une gorge ciselée et dorée; garni de clous à têtes ciselées en rosaces et dorées. A. S. M.

144. Armet d'homme d'armes de la fin du xvie siècle et du commencement du xviie. Français, entièrement gravé et autrefois doré par bandes. Crête prononcée. Timbre divisé en bandes par des torsades ciselées et repoussées. Porte-plumail complet. Rosaces en cuivre à la partie postérieure du timbre. Mézail en deux parties, l'une fournissant la vue et le nasal, l'autre la bavière percée seulement de 9 petits trous posés en rosace au côté droit. Gorgerin et couvre-nuque articulés à deux lames. A. S. M.

145. Armet de la même époque que le précédent, d'un travail remarquable. Entièrement orné de larges bandes gravées avec soin, d'un bel effet décoratif; fonds autrefois dorés. Porte-plumail à la partie postérieure de la crête peu prononcée. Larges rosaces en cuivre au timbre. Le mézail en deux morceaux, l'un fournissant la vue et le nasal très-court, l'autre la bavière à peine percée. Le frontal de la vue de grande dimension se retrouve dans les casques de cette époque. Le travail semble italien. A. S. M.

146. Armet du commencement du xviie siècle,

remarquable par ses dimensions, sa forme et son poids; il pèse 5 k. 300. Le frontal se prolonge comme une pièce de renfort sur la crête très-prononcée et renversée en arrière. Le ventail est largement percé du côté gauche. Il s'assemblait au colletin de l'armure par une gorge, sans gorgerin et sans couvre-nuque. Pièce à remarquer. A. S. M.

147. Armet d'homme d'armes du commencement du XVIIe siècle. Simple, en acier poli, à peu près semblable au précédent, mais de plus petites dimensions et n'offrant pas le grand caractère de ses formes.

148. Armet de la fin du XVIe siècle et du commencement du XVIIe. Il porte, à la partie gauche du frontal et de l'arête du ventail, la trace de coups anciens et nombreux. Il est pourvu, au ventail, d'une vis destinée à recevoir la pièce de renfort, quand on s'armait en joute. Sa mentonnière est munie de la fourchette d'appui; et le ventail, d'une porte à charnières pour respirer plus facilement. Gorgerin à gorge. C. S.

3.

149. Casque de la même époque que le précédent. Arête taillée en filet ciselé en torsade. Le mézail, d'un seul morceau, présente un masque d'homme à moustaches, grossièrement repoussé. Le gorgerin est fourni par une seule lame ciselée, à filet et dentelée. C. S.

150. Armet de même époque que le précédent; simple, en acier poli. Le casque porte une arête plate bordée d'un filet ciselé. Garniture en velours rouge. M. L.

151. Armet italien de la fin du xvie siècle; entièrement gravé et doré. L'ornement, formé d'entrelacs sur un fond de petits rinceaux, est d'un bel effet décoratif. Ce casque présente quelques dispositions particulières et intéressantes : 1° Une pièce de renfort vissée sur la partie gauche du timbre, qui rend impossibles les mouvements du mézail, mais augmente la force de ce timbre. (Les jours nombreux et très-ouverts donnés au ventail permettaient de respirer facilement, sans être obligé de lever le mézail.) 2° Le gorgerin porte une gorge et se com-

pose de lames articulées. Il peut s'enlever. Cette disposition est singulière et peut-être unique. C. S.

152. Casque dit *à grille*, de l'époque de Louis XIII, entièrement et finement gravé, autrefois doré. Le frontal porte une avance ou visière, et est indépendant du reste du mézail, dont les trois parties, la vue, le nasal et le ventail, sont remplacées par la grille. Gorgerin articulé à deux lames. C. S.

153. Bourguignote du commencement du xvi⁰ siècle. Crête légèrement prononcée. Le timbre et les oreillères cannelés à larges cannelures. L'avance maintenue par trois clous sur le timbre. Couvre-nuque articulé à deux lames. Ce casque était celui d'un écuyer ou d'un chevau-léger. A. S. M.

154. Bourguignote italienne du milieu du xvi⁰ siècle. Ornée de bandes finement gravées. L'arête est repoussée en large cordon en torsade. Le ventail est, dans ce genre de casque, remplacé par un masque percé de trous et gravé.

3..

Cette pièce est liée à la mentonnière. Ce casque pouvait être celui d'un cavalier. Il n'a pas de gorgerin. C. S.

155. Bourguignote italienne de la seconde moitié du xvie siècle. Richement décorée de bandes et d'ornements repoussés, gravés et dorés. Crête prononcée et dentelée. On remarque à la partie postérieure du timbre une tête de lion vue de face, flanquée de deux têtes de chien ou de loup; au-dessous, la devise : *Noscendum*. Le porte-plumail est placé à gauche de la crête. Le masque, qui manque, devait être analogue à celui du précédent. Cette pièce avait aussi un gorgerin, dont on voit les coulisses [1]. C. S.

156. Bourguignote italienne à arête très-prononcée, de la seconde moitié du xvie siècle. Entièrement couverte d'ornements, presque en ronde bosse, repoussés, ciselés et gravés; à droite et à gauche du timbre, on remarque deux médaillons représentant, l'un Neptune sur son char, l'autre, Amphitrite. Des enroulements, des

[1] Voir aux Boucliers la rondelle de cette armure.

masques, des figurines, d'une exécution remarquable, complètent la décoration de cette belle pièce. C. S.

157. Bourguignote italienne de la même époque, complète, à fond bleui, à larges bandes gravées et dorées, d'une exécution remarquable. C. S.

158. Bourguignote italienne de la fin du xvie siècle, peinte, à fond noir, couverte d'ornements dorés fortement repoussés et ciselés; l'arête est terminée, au-dessus de la visière, par une tête d'homme dont la barbe se mêle aux rinceaux de la décoration. Elle est complète. M. L.

159. Sous le même numéro, deux sortes de bourguignotes de même forme, du commencement du xviie siècle ou de la fin du xvie, richement décorées d'ornements et de bandes gravées et dorées. Sur leur crête prononcée, on remarque, d'un côté, les armes de l'électeur de Saxe; de l'autre, celles de Saxe. L'avance ou visière est mobile autour de deux pivots. Couvrenuque à cinq lames articulées. Les têtes des

rivets ciselés en rosaces et le porte-plumail complètent la décoration de ces casques. Ils ne portaient pas d'oreillères. C. S.

160. Bourguignote italienne de même époque que les précédentes ; à fond noir ; ornements fortement repoussés et autrefois dorés. L'arête représente une branche de chêne dont les feuilles et les glands fournissent la décoration du timbre. Elle est complète. C. S.

161. Bourguignote du xviie siècle à nasal. Règne de Louis XIII. Avance mobile avec le nasal qui s'y fixe au moyen d'un écrou. La forme des oreillères faisant gorgerin est à remarquer. Couvre-nuque articulé à une lame. A. S. M.

162. Bourguignote du xviie siècle. Italienne d'une forme rare et curieuse. Le timbre terminé en ergot est orné de bandes et de médaillons et garni, ainsi que les oreillères mobiles, de larges rosaces en cuivre qui marquent les rivets qui fixaient autrefois les garnitures intérieures. Couvre-nuque en pointe. A. S. M.

163. Morion en cuir bouilli, noirci et gaufré ;

fabrication italienne de la seconde moitié du XVIe siècle; orné de figures, de masques et de mascarons. On remarque des fleurs de lis dans l'ornement des rebords. Sur l'un des côtés du timbre, le sujet représenté est la Sagesse couronnant un guerrier vêtu à la romaine, portant une fleur de lis sur son bouclier; sur l'autre côté, on voit un chevalier en armure, montrant le ciel à un autre chevalier couché, pareillement armé et qui semble près d'expirer. (Vente de M. de Berton.) A. S. M.

164. Morion allemand, à bandes et à ornements gravés et dorés, orné de petites têtes de lion et de rosaces en cuivre ciselé et doré. Des deux côtés du timbre on remarque un écusson portant parti de Saxe et de l'électeur de Saxe. C. S.

165. Morion allemand entièrement semblable au précédent. Ce genre de casque était particulièrement celui des arquebusiers. Il laissait la vue libre en fournissant une bonne défense aux côtés du visage. C. S.

166. Morion italien en fer repoussé et ciselé,

couvert d'ornements en rinceaux, de figures en relief, de masques, de mascarons, etc. Les sujets représentés sur le timbre sont : à droite, un combat de guerriers romains ; de l'autre côté, un empereur romain sur un trône. C. S.

167. Morion italien de même époque que le précédent, orné d'une décoration continue, en entrelacs, sur un fond sablé et gravé à petits ornements. C. S.

168. Morion italien entièrement gravé à bandes. Ornements représentant des têtes de guerriers romains. C. S.

169. Morion allemand de la fin du XVIᵉ siècle, à crête très-prononcée, largement orné de figures représentant des armes et des objets militaires. A droite du timbre, on remarque les armes du grand électeur de Saxe ; à gauche, les armes de Saxe ; la gravure est très-fine et d'un joli goût, qui rappelle l'art italien. Les têtes des rivets des bords sont en cuivre doré et ciselé, à têtes de lion. C. S.

170. Morion allemand du XVIIᵉ siècle, por-

tant l'aigle à deux têtes d'Allemagne ; à la crête, dans deux médaillons, les figures d'un porte-drapeau et d'un tambour ; au timbre, à droite, un cavalier coiffé d'un bonnet ; à gauche, un guerrier vêtu à l'antique, armé d'un sabre, et un enfant qui semble évoquer un petit génie qui vole au milieu des flammes. A. S. M.

171. Beau morion allemand entièrement gravé. L'exécution de la gravure, d'une grande fermeté de burin, est digne d'être remarquée. Rinceaux à fleurs et à feuillages dans lesquels se trouvent mêlés des attributs de guerre et des oiseaux. Les deux côtés du casque portent des armoiries complètes avec les accessoires. L'écusson présente le briquet de la maison de Bourgogne. On lit sur les bords l'inscription suivante, en allemand : CHARLES SCHURFT A ECHENWOR, colonel, grand veneur héréditaire du comté impérial du Tyrol. A. S. M.

172. Petit morion saxon, orné de bandes et de médaillons gravés et dorés. On voit sur la crête les armes de Saxe et d'électeur de Saxe. Il porte des jugulaires à lames articulées et ses

garnitures intérieures; rosaces en cuivre ciselé et doré. C. S.

173. Petit morion saxon aux mêmes armes que le précédent. Entièrement gravé d'ornements finement exécutés; enrichi de bandes et de médaillons gravés et dorés; rosaces en cuivre ciselé et doré. C. S.

174. Morion (casque que portaient les arquebusiers) entièrement gravé d'ornements qui semblent appartenir au goût italien. Fin du xvie siècle. Les rivets qui fixaient les garnitures extérieures ont été enlevés. Il n'avait pas de porte-plumail. A. S. M.

175. Morion garni de ses rosaces et de son porte-plumail en cuivre. Entièrement gravé d'ornements dont le goût indique la fabrication milanaise. Fin du xvie siècle. A. S. M.

176. Morion à grande crête et d'une belle forme, entièrement gravé, à fonds autrefois dorés, Porte-plumail à droite. Travail allemand. Fin du xvie siècle. A. S. M.

177. Morion à grande crête. Allemand, de

forme analogue au précédent et de même époque.
Entièrement gravé, d'un beau dessin décoratif.
Fonds autrefois entièrement dorés, les parties en
relief peintes en noir. A. S. M.

178. Morion de petite dimension. Allemand;
gravé par bandes; donné à S. M. l'Empereur par
le Prince Impérial. A. S. M.

179. Cabasset italien de la fin du xvie siècle
et du commencement du xviie. Orné de bandes
et de mascarons gravés; sans crête, portant une
sorte d'ergot à son sommet; petits bords plats
bordés d'un filet ciselé. C. S.

180. Cabasset italien entièrement couvert de
bas-reliefs, représentant, du côté gauche du timbre, un combat de guerriers romains; du côté
droit, un empereur recevant la soumission d'un
chef suivi de ses officiers, peut-être la reddition
d'une ville qu'on voit dans le fond de la composition. C. S.

181. Cabasset ou morion sans crête portant
l'ergot des cabassets; italien de la même époque
que le précédent : fin du xvie siècle. Orné de

bandes gravées grossièrement exécutées. C. S.

182. Cabasset italien de même époque que le précédent; entièrement orné de bandes et de médaillons gravés d'un bel effet décoratif. C. S.

183. Cabasset italien, entièrement couvert d'ornements et de figures repoussées en fort relief. La composition, divisée par compartiments, représente, d'un côté, un combat de chevaliers; de l'autre, la reddition d'un chef; costumes à la romaine. C. S.

184. Cabasset saxon aux armes de Saxe. Largement décoré de bandes et d'écussons gravés et dorés; fond bleu; exécution très-fine. C. S.

185. Cabasset italien couvert de bas-reliefs repoussés en ronde bosse, damasquinés et dorés, représentant des scènes militaires avec des costumes à la romaine. C. S.

186. Cabasset italien, entièrement orné de bas-reliefs presque en ronde bosse, représentant Laocoon et ses enfants étouffés par les serpents. Autrefois damasquiné et doré. C. S.

187. Cabasset italien largement décoré de

bandes gravées, autrefois dorées. On voit dans des médaillons des figures de femmes. Les têtes des rivets ciselés en pointes saillantes sont à remarquer. C. S.

188. Petit cabasset à bandes dorées; italien. L'ergot n'est pas prononcé. C. S.

189. Petit cabasset italien d'une décoration extrêmement riche. Entièrement recouvert d'ornements de figures en relief en partie dorés; des entrelacs divisent la composition. C. S.

190. Cabasset italien entièrement orné de reliefs damasquinés à fond d'or. La disposition des entrelacs divise la composition en compartiments. On remarque à la partie supérieure du timbre des figures d'enfants portant des corbeilles de fruits. M. L.

191. Cabasset italien de même époque que le précédent, autrefois doré et damasquiné. Les sujets représentés à la droite et à la gauche du timbre sont des combats de cavaliers portant le costume romain. C. S.

192. Casque de cuirassier de la fin du règne

de Louis XIII. Timbre cannelé ; avance à nasal, couvre-nuque articulé. C. S.

193. Sous le même numéro, deux armets de joute semblables, de la fin du xvie siècle ou du commencement du xviie, portant leur manteau d'armes et les pièces de renfort de gauche. Le ventail est muni d'une ouverture en forme de porte pour faciliter la respiration ; dans l'un, l'ensemble des pièces se visse au plastron de la cuirasse ; dans l'autre, le casque seul s'engage par une gorge dans la saillie du col letin.

Ces deux armets, extrêmement curieux, méritent un examen particulier. Le manteau d'armes suit la forme de l'épaule ; il est renforcé par des tringles d'acier posées en treillis. C. S.

194. Casque du genre des bourguignotes. Les oreillères manquent. Entièrement couvert d'ornements, de masques, de figures, de rinceaux en relief. On remarque sur le devant du casque une figure de femme, ciselée presque en ronde bosse. C. S.

195. Casque dit *à l'antique*. Entièrement cou-

vert de reliefs ciselés et repoussés presque en
ronde bosse. La crête est formée par le corps
d'une chimère à figure de lion. Sur le devant de
cette belle pièce, on remarque un médaillon entouré d'une damasquine en or d'une grande finesse, et sur ce médaillon une figure de Pomone
portant une corne d'abondance pleine de fruits.
Sur les deux côtés du timbre, des rinceaux à
feuillage sont entremêlés de figures d'enfants, de
masques de chimères. On remarque une figure
de Saturne, et une autre de Neptune armé d'un
trident.

Ce casque, d'une exécution remarquable et
d'une grande richesse de décoration, est une
des pièces capitales de la collection des casques.
A. S. M.

196. Sous le même numéro, deux casques vé-
nitiens de parement ou de cérémonie, ayant la
forme générale des salades italiennes du xve siècle.
Le cimier et les ornements en bronze doré, fondus
en plein, présentent le lion de Venise, et des
rinceaux d'un bel effet décoratif; fond de velours
rouge; sous le velours et les ornements, est une

salade en acier poli. Fin du xvᵉ siècle et commencement du xviᵉ. C. S.

FRAGMENTS DE CASQUE.

197. Sous le même numéro, deux bavières
ou mentonnières d'armures de tournoi se vissant
au plastron de la cuirasse ; seconde moitié du
xviᵉ siècle. Elles portent une lame supérieure
mobile. C. S.

198. Mentonnière ou bavière de bourguignote
à gorgerin fixe ; elle porte deux lames mobiles ;
la seconde percée d'ouvertures verticales pour
la respiration. C. S.

199. Mentonnière ou bavière d'une bourguignote ; son gorgerin est mobile ; elle porte deux
lames articulées. Cette pièce est ornée d'une
bande finement gravée. C. S.

200. Mentonnière simple, en acier poli,
munie d'un gorgerin mobile en forme de plastron. C. S.

201. Bavière de bourguignote à gorgerin fixe ;

la lame supérieure mobile bordée d'un filet saillant et ciselé. C. S.

BOUCLIERS.

202. Bouclier italien, simple, en acier poli, du commencement du XVIᵉ siècle, de forme ovale et pointue à ses deux extrémités. Il porte une plate-bande. C. S.

203. Rondache ou rondelle italienne du plus beau travail. Fond d'or, ornements, figures, masques, et mascarons en fer noirci. Le sujet représente le groupe de Laocoon et de ses enfants. La conservation de cette belle pièce et la beauté de sa damasquine sont dignes d'être remarquées. M. L.

204. Petite rondelle en fer repoussé et ciselé, italienne, à rinceaux en feuillage mêlés de chimères, d'enfants, de têtes de lion, etc. Ombilic saillant surmonté d'une espèce de champignon, d'où sort une forte pointe à six pans. La beauté de l'exécution et le goût excellent du dessin de

cette belle rondelle en font une des pièces capitales de la collection. C. S.

205. Petite rondelle à main, italienne, couverte de bas-reliefs à figures repoussées ciselées,
autrefois dorées en partie. Umbon saillant, sujets
militaires, costumes romains. M. L.

206. Rondelle de siége, d'un poids considérable, entièrement gravée d'entrelacs formant
des compartiments, dans lesquels sont dessinées
des figures, bordée d'une bande circulaire gravée, à filet saillant; bouton à son ombilic. C. L.

207. Rondelle de siége, italienne, entièrement gravée, portant l'empreinte d'une balle.
Médaillons circulaires au nombre de cinq : on
remarque des figures de femme. Elle porte à
son ombilic un ornement ciselé à cinq feuilles,
d'où sort une pointe à quatre pans. C. S.

208. Rondelle de siége semblable à la précédente. Les cinq médaillons représentent des
figures d'hommes en costume de la fin du
xvie siècle et du commencement du xviie C. S.

209. Bouclier italien en forme de cœur, en-

tièrement couvert de riches rinceaux en feuillage, auxquels sont mêlées des figures d'oiseaux. On voit, au centre, un bas-relief de forme ovale qui représente le jugement de Pâris. Cette pièce est ornée de petites têtes de lion en cuivre doré et ciselé. C. S.

210. Rondelle italienne, portant à son milieu un masque à barbe de grandes dimensions, repoussé et ciselé, entouré de deux branches de laurier également repoussées. Cette pièce est bordée d'un large filet en torsade. C. S.

211. Rondelle italienne; son champ est partagé en cinq parties, par cinq bandes. Gravures d'objets militaires sur fond sablé noirci. C. S.

212. Belle rondache italienne en cuir noirci gaufré. Le sujet du centre est Hercule combattant l'hydre de Lerne. La bordure du bouclier présente des figures de chimères liées à des rinceaux et à d'autres ornements. On remarque l'ouverture carrée de la lanterne pour les rondes nocturnes. C. S.

213. Rondache italienne en cuir noirci et

gaufré. Le sujet du centre représente un guerrier vêtu à l'antique recevant sur son navire une femme qui semble être poursuivie. La bordure est ornée de figures d'enfants, de chimères, d'oiseaux, engagées dans des rinceaux. C. S.

214. Rondelle italienne en cuir bouilli. Au centre est une composition dont le sujet mythologique n'est pas très-nettement indiqué. Sur un rocher on remarque un triton et des chimères marines. La bordure est formée de rinceaux interrompus par quatre médaillons à figures. C. S.

215. Rondelle italienne, couverte de figurines repoussées et ciselées en bas-relief. Elle est partagée en trois parties : un médaillon circulaire et deux zones concentriques; dans le médaillon on remarque, parmi des figures debout et vêtues à l'antique, la Foi, l'Espérance et la Charité; la première zone présente un groupe d'enfants et de femmes jouant d'instruments variés, la troisième zone est ornée de sujets de guerre formant une suite non interrompue de groupes de cavaliers et de guerriers à pied. M. L.

216. Rondache italienne entièrement couverte de figurines, de rinceaux d'entrelacs et
d'ornements repoussés, du plus beau goût du
xvie siècle. On remarque, dans la composition,
des figures d'hommes et d'enfants tenant des
glaives. Deux médaillons, placés à droite et à
gauche du centre, ont pour sujet : l'un David
portant la tête de Goliath ; l'autre, Judith, celle
d'Holopherne. C. S.

217. Rondache italienne, de forme ovale,
présentant un grand bas-relief au centre et deux
zones concentriques. Le sujet est une femme
armée, montrant du doigt la sainte Vierge et
l'enfant Jésus à un guerrier vêtu à l'antique, à
genoux et les mains jointes. Le groupe de la
Vierge, dans le ciel, est environné d'une gloire.
On remarque un étendard romain marqué des
lettres S P Q R. On peut voir dans cette composition l'Église catholique recevant l'hommage de
Constantin.

Dans la zone qui sert de bordure, des figures de
centaures, de satyres et autres divinités païennes,
sont liées aux rinceaux de l'ornement. M. L.

218. Petite rondelle italienne, d'un travail remarquable, entièrement couverte d'ornements repoussés, autrefois dorée en plein. L'umbo, de forme tronconique, très-aplati, présente au centre le sujet d'Énée portant son père Anchise. Tout le champ de la pièce est occupé par une mêlée de cavaliers et de fantassins vêtus à l'antique. A. S. M.

219. Petite rondache italienne en fer repoussé, ciselé et doré par places, portant au centre un bouton. Son champ est partagé en trois parties, qui présentent la figure d'un lion vue de face, accostée de deux têtes de chien ou de loup, vues de profil, et la devise NOSCENDUM.

Cette rondache va avec la bourguignote déjà décrite n° 140. C. S.

220. Rondache italienne, en fer repoussé, presque en ronde bosse. Ornée de cinq médaillons ovales : trois transversaux, deux horizontaux. Les trois premiers représentent Vulcain, Vénus, au centre, et Mars; les deux autres posés au-dessous, deux figures couchées, Mercure et Diane. M. L.

221. Rondache italienne du plus beau travail. Le sujet représente le sac de la ville de Troie. Le cheval de bois se voit à droite et dans le fond. Riche bordure à rinceaux. C. S.

222. Rondache italienne, de la même époque que les précédentes, seconde moitié du xvıᵉ siècle. Le sujet est le Jugement de Pâris. Ornements dans la composition. Les grands dieux de la fable, etc. C. S.

223. Rondache italienne, de la même époque que les précédentes, portant encore des traces de damasquine et de dorure. Le sujet représente une ville assiégée. Dans le ciel, environnée d'une gloire, paraît la figure du Père éternel portant un globe à la main. Les assiégeants, frappés de terreur, suspendent leur attaque et semblent être sur le point de prendre la fuite C. S.

224. Rondache italienne gravée, portant une pointe à quatre pans à l'ombilic. Son champ est partagé en sept parties, par de larges bandes triangulaires gravées, allant du centre à la circonférence. Au milieu de chacune de ces par-

ties, on remarque un petit médaillon ovale à figure gravée. C. S.

225. Rondache analogue à la précédente. Elle en diffère par la pointe, qui est beaucoup plus longue, et par le nombre des divisions du champ, qui est de neuf, au lieu de sept. C. S.

226. Petite rondelle italienne, à main, en cuir bouilli et gaufré. Le médaillon central et circulaire représente un cerf dans des ornements enroulés. Le reste est orné de rinceaux à feuillages d'un bel effet décoratif. C. S.

MASSES D'ARMES.

227. Masse d'armes, du commencement du xvıᵉ siècle, à sept ailes découpées et repercées à jour. Le manche, en fer, est ciselé en torsade. C. S.

228. Belle masse d'armes en fer, entièrement ciselée en relief, italienne, du milieu du xvıᵉ siècle, à six ailes : chacune d'elles représente le profil d'une tête d'homme à barbe. L'arme est surmontée d'un bouton en forme de

gland de chêne ; le manche, d'une grande finesse d'exécution, représente les motifs ordinairement employés dans la décoration italienne. M. L.

229. Masse d'armes en acier, de la même époque, à sept ailes découpées, sans ornement, surmontées d'un bouton. Le manche est uni, la poignée ciselée en torsade. C. S.

230. Masse d'armes, de la même époque, à six ailes découpées, présentant chacune une pointe saillante. Manche décoré de rinceaux en feuillages ; poignée ciselée, à large treillis. M. L.

231. Masse d'armes, en acier noirci, à sept ailes découpées, fournissant une pointe saillante à renfort. Manche en fer. Poignée ciselée en torsade. M. L.

232. Masse d'armes, en acier, à sept ailes découpées, de forme simple, fournissant chacune une pointe à renfort. Manche et poignée ornés de rinceaux à feuillages. M. L.

233. Petite masse d'armes à six ailes découpées en pointes à renfort et finement damas-

4.

quinées d'or. Manche damasquiné, orné de petits médaillons à figures de forme ovale. Poignée en cuivre ciselé et doré, d'une ornementation très-riche. C. S.

234. Masse d'armes à sept ailes, rinceaux ciselés en relief. D'une authenticité douteuse. M. L.

235. Masse à huit ailes, très-fines, larges, découpées et repercées. Le manche est le canon d'un pistolet dont la platine à rouet se voit au-dessus de la poignée. C. S.

236. Masse d'armes à huit ailes d'un dessin très-simple, presque triangulaire. Le manche est le canon d'un pistolet, dont la platine à rouet, légèrement gravée, se voit au-dessus de la poignée. C. S.

MARTEAUX D'ARMES.

237. Marteau d'armes, de la fin du xive siècle et du commencement du xve. Mail taillé à pointe de diamant. Bec à corbin court et à qua-

tre pans. Longues branches reliant le marteau
à la hampe, qui est de l'époque. Sabot en acier.
C. S.

238. Marteau présentant les mêmes éléments
que le précédent, mais de plus fortes dimensions. Il porte en tête une longue pointe quadrangulaire, nommée *dague* dans les anciens
écrivains. La hampe semble ancienne. Fin du
XIVᵉ siècle et commencement du XVᵉ. C. S.

239. Petit marteau d'armes en acier, à crochet de ceinture. Son marteau est simple ; le
bec à corbin, d'une certaine longueur. Manche
poli. Poignée présentant une jolie gravure à la
virole et au pommeau. XVIᵉ siècle. C. S.

240. Marteau d'armes vénitien, en fer doré,
portant, à la place du marteau proprement dit,
une espèce de boule percée à jour et évidée.
Long bec à corbin pareillement évidé. Longue
pointe en tête. Sabot découpé à jour et doré. La
hampe garnie de velours rouge de l'époque.
Commencement du XVIᵉ siècle. C. S.

4 . .

HACHES D'ARMES.

241. Belle hache d'armes à tranchant développé d'un côté, portant un mail à crémaillère de l'autre. Dorée en partie. C. S.

242. Hache d'armes d'une forme particulière, terminée en pointe. Gravée, dorée et présentant des armoiries illisibles. Pointe en tête et bec à corbin évidés. Manche ciselé en torsade. Poignée revêtue de velours rouge à petites crépines d'or. M. L.

243. Quatre haches de mineurs, allemandes, à manche incrusté d'ivoire gravé. On remarque des figures d'ouvriers dans les différentes attitudes de leur travail. L'une offre la date 1680 ; une autre, les épées en croix de l'électeur de Saxe, etc. Ces haches étaient portées sans doute dans les cérémonies de corporation par les maîtres ouvriers. Leurs lames, d'une forme particulière, présentent une forte pointe à l'une des extrémités de leur tranchant. C. S.

ÉPÉES ET ARMES BLANCHES.

244. Grand estoc allemand de la seconde moitié du xvᵉ siècle. La fusée de la poignée a une forme caractéristique et à remarquer. Pommeau plat et circulaire. Quillons simples, légèrement tordus en sens inverse. Fer noirci. Lame évidée et triangulaire. Cette épée se mettait à l'arçon de la selle de l'homme d'armes. On la nommait *épée* ou *estoc d'arçon.* M. L.

245. Grand estoc saxon. Poignée en fer noirci, ciselé à filets. Pommeau à huit pans, de forme circulaire. Fusée en bois. Quillons droits, épatés à leurs extrémités. Double garde et contre-garde. Lame triangulaire évidée. M. L.

246. Épée à poignée simple. Pommeau circulaire. Fusée en cuir, maintenue par un filigrane en cuivre. Quillons droits, légèrement épatés à leurs extrémités. Lame espagnole sans évidement, portant l'inscription : *Enriqe gol espadeiro del rey em allemanha.* C. S.

247. Épée espagnole de la première moitié du xvie siècle. Pommeau en forme de poire, plat, repercé à jour et ciselé à filet. Fusée revêtue de cuir. Garde simple, repercée à jour comme le pommeau. Quillons plats, fortement recourbés vers la pointe, de même travail. Lame d'une belle fabrication, large, formant sa pointe par une diminution progressive de sa largeur vers l'extrémité, relevée par deux arêtes médianes, présentant au talon, dans une série de compartiments, des inscriptions qui paraissent en caractères arabes. La forme de cette lame est des plus anciennes. M. L.

248. Épée dont la poignée semble de la fin du xvie siècle et du commencement du xviie, d'après le caractère de la gravure. Pommeau en forme de cœur, gravé au poinçon. Fusée en filigrane de cuivre. Quillons droits, à extrémités épatées. Garde ordinaire, seconde garde en forme de coquille, toute la poignée dorée et poinçonnée. Lame espagnole à arête, portant au talon, comme marque de fabrique, la figure d'une pleine lune. M. L.

249. Épée courte, d'une époque difficile à préciser. La poignée, d'un autre temps que la lame, indique le commencement du xviie siècle ou peut-être la fin du xvie. Fusée revêtue de filigrane de fer. Pommeau de forme évasée. Garde et contre-garde simples. Quillons fortement recourbés vers la pointe. La lame, qui est la partie remarquable de cette arme, semble avoir été raccourcie et recoupée au talon; la forme et le travail de sa gorge d'évidement indiquent le xve siècle. C. S.

250. Épée du milieu du xvie siècle. Italienne. Poignée en fer doré et ciselé. Pommeau de forme circulaire, à cannelures rondes. Fusée revêtue d'un filigrane de cuivre. Garde simple, pas-d'âne, quillons terminés par des boutons semblables au pommeau, le tout du même travail cannelé. Belle lame de fabrique espagnole à trois pans, portant dans ses gorges d'évidement l'inscription *me fecit ionnes*. Épée très-complète. C. S.

251. Sabre droit italien, complet, de la fin du xvie siècle et du commencement du xviie. Pe-

tit pommeau plat portant une saillie du côté du tranchant de la lame. Quillons droits; toute la poignée enrichie d'ornements ciselés en relief et argentés. Belle lame espagnole à un seul tranchant, portant dans les gorges d'évidement l'inscription ·E·S·C·L·A·U·O·S·+·S·T·U·R· O· Talon finement damasquiné, en or, d'un travail remarquable. C. S.

252. Estoc italien, du xvıe siècle (deuxième moitié). Pommeau ciselé à filet. Ornement en relief sur fond d'or. Fusée revêtue de peau de chagrin. Quillons droits à extrémités épatées, damasquinés en partie en or. Pas-d'âne. Double garde. Contre-garde. Toutes ces parties de la poignée sont d'un travail plus fin que le pommeau. Belle lame d'estoc quadrangulaire évidée. C. S.

253. Épée flamande, de la fin du xvıe siècle. Poignée en fer ciselé et noirci, d'une grande finesse d'exécution. Le pommeau pyramidal, à quatre faces, présente les figures des quatre évangélistes. Fusée revêtue d'un filigrane en fer. Quillons droits très-épatés à leurs extrémités.

Large garde fermée par une plaque. Contre-
garde d'une forme assez compliquée. On remarque sur les quillons et la garde de petits
bas-reliefs, qui représentent l'histoire de l'enfant prodigue : sur le quillon de droite, il dit
adieu à son père; sur la garde, il donne un fes-
tin, et, devenu pauvre, il garde les porcs; sur
le quillon de gauche, il est reçu par son père,
qui fait tuer le veau gras. Lame espagnole à
deux arêtes; le talon porte une marque de fabrique. C. S.

254. Belle épée de ville, espagnole, d'une
conservation parfaite. Poignée simple en acier
bleui, taillée à filets. Pommeau en forme de
poire. Fusée garnie de filigranes. Branches fournies par l'un des côtés des quillons. Pas-d'âne.
Doubles gardes, contre-gardes. Belle lame de
Tolède à trois pans. Gorges d'évidement dorées;
on lit au talon de la lame, aux deux côtés :
Tolléto. C. S.

255. Épée allemande, de la première moitié
du xviie siècle. Poignée à fond noir, couverte
d'ornements incrustés et ciselés en argent. Pom-

meau à côtes de melon. Branches, quillons droits, triples gardes, la dernière fermée par une plaque à grilles. Contre-garde de la forme la plus compliquée. Belle lame taillée à trois pans, de la fabrique de Solingen. On lit dans les gorges d'évidement : *Petther Wirsberg Solingen*, et, de l'autre côté, le même nom suivi de *me fecit* [1]. Marque de fabrique au talon de la lame. C. S.

256. Épée française, de la fin du xvie siècle ou de la première moitié du xviie. Poignée entièrement ciselée à jour, présentant des ornements en relief. Pommeau en forme de poire. Fusée couverte d'un filigrane en cuivre rouge. Branches, triples gardes. Pas-d'âne. Contregarde de la forme la plus compliquée. Large lame à dos ciselé, présentant une arête brisée à lignes contrariées. Gorge d'évidement adoucie, occupant les deux tiers de la lame; elle est enrichie d'un ornement couvert de rinceaux gravés, d'une composition remarquable. On lit

[1] Sous le même numéro, un pommeau séparé d'une épée de même époque.

deux inscriptions sur la lame : du côté droit,
Audaces fortuna ivvat timidosque repellit; au côté
gauche, *Weiller faut par felons ennemis.* Au talon,
on voit d'un côté une figure de la Fortune portant un voile, et, au-dessus, l'inscription *A foix;*
de l'autre, une femme nue, et, au-dessus, le
mot *Lucretia.* M. L.

257. Épée de l'époque de Henri II, poignée
en acier émaillé d'une grande richesse; le goût
de l'ornement, la perfection des émaux translu-
cides à fond d'or, en font une des pièces capitales de la collection. Pommeau enrichi d'ornements à rinceaux et de figurines émaillées.
Branches doubles. Quillons. Pas-d'âne. Contre-
garde à trois branches, décorées comme le pommeau. La fusée est d'un autre travail. La lame,
d'une belle fabrication espagnole, n'offre rien de
particulier. Cette épée porte encore son fourreau
de velours et ses garnitures complètes en acier,
du même travail que la poignée.

Sous le même numéro est placée la dague,
pourvue aussi de son fourreau. Le pommeau,
les quillons, la garde, la chape et la bouterolle

du fourreau sont du même travail émaillé que l'épée. Les garnitures de ceinturon de la dague sont complètes. C. S.

258. Épée italienne de la même époque. Poignée entièrement damasquinée d'or, d'une grande finesse d'exécution. Pommeau en forme de champignon, orné, sur un fond damasquiné, de médaillons en relief argentés, d'une décoration très-fine. Branches, doubles gardes. Quillons droits. Pas-d'âne, de même travail que le pommeau. Contre-garde à trois branches simplement dorées. Lame de fabrication espagnole, longue et à deux arêtes. Talon entièrement doré et gravé, ornement se prolongeant sur la lame.

Sous le même numéro, la dague qui va avec l'épée. La poignée est peut-être d'un travail encore plus fin que celui de l'épée. Elle est pourvue de son fourreau, dont la chape et la bouterolle sont aussi à remarquer. C. S.

259. Belle épée de la même époque que les précédentes. Italienne, en fer noirci; d'une exécution très-fine. Pommeau légèrement aplati, orné de cordons et de chaînettes délicatement

ciselés. Au centre, et de chaque côté, il porte un médaillon représentant un cavalier. Fusée revêtue de filigranes en fer noirci. Les branches, les gardes et les pas-d'âne sont travaillés comme le pommeau, à chaînettes et à médaillons, etc. Contre-garde à trois branches unies. Belle lame espagnole à pan supérieur adouci, repercé à jour. Le talon porte une marque de fabrique. A. S. M.

260. Épée presque semblable à la précédente, d'une exécution plus fine. Le pommeau est plus riche et les médaillons plus étudiés. Belle lame espagnole dont le talon porte une chape de cuivre. Elle est gravée, et présente une marque et un nom d'armurier. C. S.

261. Épée italienne de la même époque que la précédente. Poignée en fer ciselé, à petites figurines en relief, et entièrement dorées. Le pommeau, de forme tronconique, présente des combats de cavaliers d'une fine exécution; il est doré en plein. Les branches, les pas-d'âne et les gardes sont du même travail. Lame espagnole à deux arètes et à talon doré. Contre-gardes entièrement dorées et simples. C. S.

262. Épée italienne de la même époque,
complète. Poignée à fond doré et à petits médaillons ciselés, présentant des ornements en
relief et des figurines. Pommeau légèrement
aplati portant des médaillons à figures. Fusée
revêtue du filigrane du temps. Branches, triple
garde, grands quillons recourbés en sens inverse, pas-d'âne et contre-gardes à trois branches.
Lame espagnole, marque au talon d'un poinçon
de fabrique. A. S. M.

263. Épée italienne de la même époque que
les précédentes. Poignée entièrement et finement ciselée. Vases de fleurs, en haut-relief,
profondément fouillés. Les médaillons du pommeau présentent, d'un côté, un vase de fleurs
supporté par deux figurines de femme, et, de
l'autre, une figure de femme debout entre deux
enfants. Branches, double garde, quillons et
pas-d'âne, présentant des ornements analogues
au pommeau. Contre-garde à trois branches.
Belle lame espagnole à pan supérieur adouci,
portant dans ses gorges d'évidement le nom
Tonnes-Dalaorta. Cette épée est pourvue de son

· fourreau en cuir noir, portant sa boucle et son crochet. A. S. M.

264. Épée italienne de la même époque que les précédentes, en fer noirci, entièrement ciselée, complète. Elle a appartenu à Henri IV, et lui fut envoyée par le pape lors de son abjuration, en 1595 [1]. Le pommeau est orné de deux médaillons; l'un représente le crucifiement, et l'autre, la résurrection de Jésus-Christ. Fusée revêtue d'un petit filigrane de fer noirci. Branches, double garde, quillons et pas-d'âne décorés comme le pommeau. Les sujets représentés sont : l'Annonciation, la Visitation, la Naissance du Christ, l'Adoration des mages, la Circoncision. La double garde est fermée par une plaque percée à jour et ciselée où l'on voit le portrait de Henri IV supporté par deux anges. Les revers des diverses parties de la poignée sont dorés. Lame espagnole d'une grande beauté, à pan supérieur adouci. Dans ses gorges d'évidement,

[1] L'abjuration de Henri IV est du 25 juillet 1593, à l'église de Saint-Denis. Le pape n'accorda l'absolution au roi que le 13 décembre 1595.

profondes et ciselées à filets, on lit l'inscription *Tatar munstan*, et au talon se voit une marque de fabrique. C. S.

265. Épée italienne de la même époque que les précédentes. La poignée en fer ciselé, repercée à jour, présente des figurines en ronde bosse de l'exécution la plus remarquable. Le sujet représenté sur le pommeau est un combat entre des fantassins et des cavaliers. On remarque un centaure. Branches doubles. Double garde (l'extrémité du quillon a été cassée). Il n'y a pas de contre-gardes, elles ont été brisées. Belle lame espagnole à arêtes. Marque de fabrique dans les gorges d'évidement. C. S.

266. Épée de la même époque que les précédentes. Poignée simple entièrement ciselée et repercée à jour. Le pommeau est orné de deux masques en ronde bosse d'une belle exécution. La fusée présente des sarments ronceux, découpés et ciselés à jour. Quillons droits dont les extrémités sont recourbées en sens inverse; ils sont décorés des mêmes marques que les pommeaux. La lame, d'une fabrication remarquable,

présente à son milieu et d'un seul côté une arête en saillie ciselée en feston. Le côté opposé est cannelé dans la longueur de la lame. On doit remarquer l'exécution de ces cannelures progressives. M. L.

267. Épée de la fin du xvie siècle ou du commencement du xviie. Poignée ciselée et repercée à jour. Elle présente au pommeau, aux extrémités des quillons et à la garde, des médaillons d'empereurs romains. M. L.

268. Épée de la seconde moitié du xvie siècle. Italienne. En fer entièrement ciselé. Pommeau orné d'un bas-relief à petites figures, presque en ronde bosse, représentant un combat de cavaliers. Branches doubles. Gardes, quillons, pas-d'âne, également couverts de figurines et d'ornements en rinceaux d'une belle exécution. Belle lame espagnole à trois pans, le pan supérieur adouci. Double gorge d'évidement, marquée du nom *Johanos*, deux fois répété. Les diverses parties de la poignée ont été dorées à l'intérieur. Fourreau très-complet, pourvu de ses garnitures en cuir et de ses agrafes. La chape

et la bouterolle sont en fer ciselé à figurines
d'une grande finesse comme la poignée. A. S. M.

269. Épée de la fin du xvie siècle ou du
commencement du xviie. Poignée entièrement
damasquinée d'or et d'argent. Branches doubles.
Gardes, pas-d'âne, contre-garde à trois branches. Le travail de la damasquine est très-fin.
Lame espagnole à trois pans à filet, portant
dans ses gorges d'évidement les inscriptions *Cla-
mans* et *Hornn*. Marque poinçonnée au talon,
représentant la tête d'un cheval. C. S.

270. Épée de la fin du xvie siècle et du commencement du xviie. Italienne. Poignée en fer
ciselé, décorée de médaillons présentant, au
centre, une tête d'enfant. Branches, grands quillons recourbés en sens inverse. Grands pas-d'âne,
garde double; la seconde est fermée par une
plaque ciselée à grilles; contre-garde à quatre
branches, les deux premières fermées comme la
seconde garde. Toute la poignée autrefois dorée
et argentée. Lame d'imitation espagnole, l'extrémité présentant une légère spatule. Longues
gorges d'évidement, allant presque à la pointe

et portant les mots *Peter Bvegel* des deux côtés.
Marque de fabrique au talon. C. S.

271. Épée italienne de la première moitié du
xviie siècle. Poignée en fer ciselé, repercée à
jour, autrefois dorée. Pommeau évidé, repercé,
orné de rosaces ciselées; ces rosaces se reproduisent dans toute la poignée. Branches triples.
Quillons légèrement recourbés. Pas-d'âne. Les
gardes et la contre-garde sont remplacées par
deux coquilles symétriques garnies d'un ornement découpé. Belle lame espagnole à trois
pans; elle porte dans ses gorges d'évidement des
caractères illisibles. Fourreau revêtu de velours
noir. Les pendants en velours rouge ne font pas
partie du fourreau. C. S.

272. Épée espagnole complète. Poignée en
fer noirci, entièrement décorée d'un ornement
en vermicelle, d'une grande finesse d'exécution.
Pommeau en forme de gland. Branches doubles.
Quillons droits. Double garde; la seconde fermée par une plaque criblée de petits trous.
Contre-garde à trois branches. Lame d'une fabrication remarquable, terminée par une spatule

à trois pans, pan supérieur adouci. Larges gorges d'évidement repercées à jour. Marque de fabrication au talon. A. S. M.

273. Épée italienne de la même époque que la précédente. Poignée damasquinée, d'une grande finesse de travail, ornée de médaillons et de bas-reliefs à figurines. Quillons droits terminés par deux boutons ciselés en médaillons. Bas-relief sur les deux gardes. La fusée est encore revêtue de velours noir. La lame, à arête extrêmement adoucie, porte les caractères $a.\cdot.$ $x.\cdot.p.\cdot.x.\cdot.$ des deux côtés. M. L.

274. Sous le même numéro, deux épées suisses entièrement semblables, d'une forme caractéristique, seconde moitié du xvie siècle. Fusée tronconique, dont le gros bout forme le pommeau. Gardes symétriques, formant la garde proprement dite et la contre-garde. Lame large et courte, à trois gorges d'évidement, allant du talon à l'extrémité de la lame. C. S.

275. Belle épée de la seconde moitié du xvie siècle et du commencement du xviie. Poignée en fer entièrement ciselée et repercée à jour.

Noircie. Pommeau évidé, présentant dans son ornement les figures de deux cavaliers. Branches doubles. Quillons très-recourbés en sens inverse. Double garde et contre-garde à trois branches. Grands pas-d'âne. La lame, espagnole, porte dans ses gardes le nom *Ahioma Alala* et une marque de fabrique au talon. A. S. M.

276. Épée italienne de la même époque que les précédentes. Poignée en fer légèrement ciselée et gravée, entièrement dorée. Branches et garde triple ; la troisième, fermée par une plaque percée de petites ouvertures. Contre-garde à coquille et à deux branches. Quillons droits, aplatis aux extrémités. Lame espagnole à arêtes saillantes, portant dans ses gorges étroites un nom illisible. C. S.

277. Épée italienne de la même époque. Poignée en fer noirci, entièrement ciselée en torsades. Quillons droits terminés par deux boutons de même travail que le pommeau. Double garde. Grands pas-d'âne, contre-garde à deux branches. Lame espagnole à pans, portant dans ses gorges d'évidement trois. M. C. S.

5

278. Épée allemande, complète, de la même époque que les précédentes. Poignée entièrement gravée, d'une exécution remarquable. Pommeau taillé à huit pans. Quillons droits, terminés par deux boutons prononcés. Garde double, la deuxième fermée par une plaque pleine. Contre-garde à trois branches. Lame à pointe aiguë et à arête adoucie. Riche gravure au talon, dans le goût de celle de la poignée. Chape fixée à la poignée. C. S.

279. Épée italienne de la même époque. Poignée en fer, fond noir, anciennement dorée par places, ornée de médaillons et d'ornements ciselés en ronde bosse. Quillons fortement recourbés en sens inverse. Double garde, quillons, et contre-garde compliquée à quatre branches. Lame à arête de l'ancienne fabrique de Solingen ; on lit sur les côtés de la lame et au talon : *Wilhelm Wisberg me fecit Solingen.* C. S.

280. Épée de la même époque ; poignée à fond d'or, ornée de têtes de bélier en ronde bosse. Ces têtes se reproduisent dans toutes les parties de la décoration, comme motif principal.

Quillons légèrement tordus en sens inverses, terminés par des boutons travaillés comme le pommeau. Pas-d'âne et petite garde. Il existait une contre-garde qui a été enlevée. Lame ordinaire, sans marque de fabrique. A. S. M.

281. Rapière de la première moitié du xviie siècle. Poignée autrefois dorée en plein. Pommeau en forme de poire, ciselé à filets creux. Garde composée d'une rondelle et d'une pièce particulière présentant deux anneaux, la chape du fourreau est fixée à la poignée. Lame à deux arêtes saillantes, évidées, très-aiguë, sans marque de fabrique. C. S.

282. Épée de la première moitié du xviie siècle. Poignée en fer noirci, décorée d'ornements argentés. Double branche. Triples gardes. Contre-gardes à quatre branches. Quillons droits. Lame à arêtes adoucies, creusée d'une gorge sans caractère particulier. A. S. M.

283. Épée de la première moitié du xviie siècle. Poignée en fer ciselé et gravé au poinçon, entièrement dorée. Pommeau à côtes et en forme

de poire. Quillons fortement recourbés en sens inverses, aplatis à leurs extrémités. Garde, double garde en coquille, repercée à jour; contre-garde formée d'une branche et d'une coquille de même travail que celle de la garde. Lame mince, légère, à un seul tranchant, portant deux petits médaillons à figures gravées, et les inscriptions : *In Deo spes mea*, *soli Deo gloria*, etc.

Ceinturon complet, en velours noir, à galons d'or, avec la grande agrafe et ses neuf boucles, le tout orné dans le style de l'épée. A. S. M.

284. Épée espagnole complète, de la première moitié du XVIIe siècle. Poignée en fer uni. Pommeau de forme ovale, allongé et cannelé. Triple branche. Quillons droits et longs. Grands pas-d'âne. Garde et contre-garde fournies par une coquille percée de jours à étoiles. Lame espagnole à trois pans, portant, dans ses gorges d'évidement, le nom *Pyatro Hermandez* des deux côtés. C. S.

285. Rapière espagnole de la même époque que les précédentes. Poignée en fer noirci simple. Pommeau presque rond, taillé à cinq

faces, portant chacune un losange. Triple branche. Quillons très-recourbés, les extrémités en sens inverses. Grand pas-d'âne. Triple garde. Contre-garde à quatre branches, portant à l'intérieur deux coquilles cannelées, l'une pour la garde, l'autre pour la contre-garde. Longue lame quadrangulaire, dite *carrelet*, à faces non évidées. C. S.

286. Épée espagnole de la seconde moitié du xviiᵉ siècle, dite *à coquille* ou *à panier*. Poignée en fer entièrement ciselée. Pommeau de forme aplatie, orné de rinceaux. Branches en torsade. Longs quillons de même travail, terminés par des boutons plats. Pas-d'âne intérieur à la coquille. Coquille à grands rebords, entièrement repercée et ciselée à jour, du plus beau travail. Petite coquille intérieure également repercée à jour. Lame à arête ordinaire. C. S.

287. Rapière espagnole à coquille, de la même époque et d'un travail analogue à la précédente ; elle n'en diffère que par les ornements du pommeau, de la branche, des quillons et de certaines parties de la coquille. A. S. M.

5.

288. Rapière analogue aux précédentes, fusée en fer ciselé, à rinceaux. Lame quadrangulaire, fortement évidée. A. S. M.

289. Rapière espagnole. Pommeau de forme aplatie, ciselé. La coquille, sans rebords, est découpée en quatre grandes dents circulaires et entièrement repercée à jour. Lame à trois pans; dans ses gorges d'évidement : + T H S + .A. S. M.

290. Épée espagnole de la même époque que les précédentes. Pommeau ciselé et de petite dimension. Fusée en fer ciselée, imitant le filigrane. Coquille découpée, bordée entièrement, ciselée et repercée à jour. La lame, à trois pans, porte dans ses gorges d'évidement le nom de Tolède et de son fabricant (illisible). A. S. M.

291. Rapière espagnole. Elle ne diffère des précédentes que par ses dimensions plus petites et sa coquille sans rebord et découpée. Quillons et branches ciselés en torsade. Lame espagnole, de même fabrique et du même armurier que la précédente. A. S. M.

292. Rapière espagnole. Pommeau évidé,

ainsi que les boutons qui terminent les quillons.
Coquille découpée sans rebords, analogue aux
précédentes. Longue lame plate à trois pans,
portant au talón une petite marque, peut-être
de fabrique. A. S. M.

293. Rapière espagnole. Pommeau ciselé, de
la fin du xvii° siècle, représentant une chasse
au cerf. Coquille pleine et entièrement ornée de
reliefs. On distingue quatre médaillons d'instruments de guerre. C. S.

294. Rapière espagnole, même époque; coquille repercée à jour et gravée; de larges dents
forment la bordure supérieure de cette coquille.
Lame longue, triangulaire et profondément évidée. C. S.

295. Rapière espagnole. Ces armes, de même
construction, ne diffèrent que par la coquille et
la nature de la lame. Coquille pleine, cannelée
en spirale; lame à deux arêtes, sans marque de
fabrique. C. S.

296. Rapière de grande dimension. Pommeau ciselé à figurines. Coquille repercée à

5..

jour, ciselée et découpée. On remarque un ornement à l'endroit où les grandes découpures se
rejoignent. Lame ordinaire, sans inscription,
plate, à gorge d'évidement. C. S.

297. Rapière espagnole. Coquille en partie
pleine, en partie repercée à jour. On lit sur la
lame, dans une gorge d'évidement, le mot *Va-
lentia*. C. S.

298. Rapière à coquille presque plate, à bord
dentelé, repercée à jour, présentant un ornement en rosaces finement découpées. Lame quadrangulaire. Gorges d'évidement profondes et
repercées à jour. C. S.

299. Rapière espagnole. Coquille presque
pleine, repercée de petites ouvertures, couverte
d'ornements en rinceaux à feuillages. Quillons
à quatre branches terminées par des boutons.
Lame d'une belle fabrication, portant deux
gorges d'évidement du talon à la pointe. C. S.

300. Rapière française ayant appartenu à
Louis XIV, dauphin de France. Pommeau présentant des dauphins entourant une fleur de lis.

Petite coquille finement repercée à jour, offrant des zones concentriques. A la dernière on remarque des dauphins et des fleurs de lis entrelacées, mêlées de coquilles; petits quillons à quatre branches s'appuyant sur la coquille. Lame plate à arête médiane gravée, portant les devises *Si Deus pro nobis, quis contra nos ?* etc. une figure de cavalier, etc. A. S. M.

301. Épées jumelles, de duel, de la seconde moitié du xvie siècle, en fer noirci. Lame triangulaire à faces plates. Branches doubles, quillons droits, extrémités aplaties. Grands pas-d'âne. C. S.

302. Épée de la première moitié du xviie siècle. Pommeau aplati, orné de clous d'argent, ainsi que les quillons extrêmement courts et à larges boutons. Lame évidée à arêtes saillantes, talon portant une marque de fabrique. C. S.

303. Courte épée, du xvie siècle, italienne et probablement vénitienne ; elle rentre dans l'espèce dite *malchus, braquemarts, épées de passot.* Belle lame triangulaire, évidée de gorges peu

profondes. Poignée en cuivre doré, ornée de rinceaux. Pommeau à écusson. Quillons très-recourbés vers la pointe. Talon de la lame gravé. M. L.

304. Épée du xviiie siècle. Poignée à fond noir, enrichi d'ornements en argent autrefois dorés. On remarque des figures de cavaliers au pommeau et à l'écusson. etc. Pas-d'âne. Gardes de petites dimensions, pleines et symétriques. Lame au soleil, gravée. Fourreau revêtu de velours rouge. C. S.

305. Épée du xvie siècle (seconde moitié). Riche poignée en cuivre doré et ciselé, surmoulée. Elle porte une trousse dans laquelle on reconnaît une hausse à canon, un fil à plomb, un dégorgeoir, une vrille à longue tige en acier, une tige carrée et graduée, donnant probablement les calibres des projectiles, enfin, une clef à vis. Lame large, plate, à gorge adoucie, allant du talon à la lame. M. L.

306. Épée de justice, allemande, portant la date 1699. Poignée en cuivre doré. Pommeau et quillons tordus en spirale. Lame plate à extré-

mité carrée, pan en partie doré, portant dans les gorges d'évidement les devises, d'un côté, *Fiat justitia, aut pereat mundus*, et, de l'autre, *Justitia manet in æternum*, la date 1699 et la figure d'une potence à deux pieds. Fourreau en cuir gaufré, portant deux petits couteaux et un affiloir. M. L.

307. Épée italienne, de la fin du xvie siècle ou du commencement du xviie. Poignée en fer noirci, ornée de médaillons incrustés et en relief, en cuivre doré et ciselé, représentant des cavaliers. Lame espagnole à arête adoucie, le talon gravé et doré. Cette lame porte un pistolet à rouet dont le canon se voit sur le côté gauche, le rouet à droite, la gachette au talon. Le timbre du rouet est carré, orné de rinceaux dorés et repoussés. C. S.

308. Épée espagnole, armée d'un pistolet à rouet, d'une disposition très-particulière. La lame fine et presque en carrelet porte au talon le nom de *In Toledo*. Le pistolet est la pièce principale de cette arme, dont la lame d'épée ne semble que l'accessoire. M. L.

309. Sabre italien du xvie siècle (seconde moitié), d'une exécution remarquable. Poignée entièrement ciselée, évidée, à fond d'or, offrant des figurines et des ornements en ronde bosse. On remarque particulièrement le masque du pommeau et les deux figures de satyre qui forment les extrémités des quillons. Lame présentant un ornement en bandes à fond d'or, ciselé dans la masse du métal, allant du talon à la pointe.

Cette arme, d'une beauté exceptionnelle, provient de la collection de M. de Courval et en était considérée comme la pièce capitale. A. S. M.

310. Sabre du xviie siècle (première moitié). Poignée en fer, autrefois entièrement dorée. Pommeau à tête de lion, percée pour recevoir une dragonne. Coquilles doubles et symétriques formant la garde et la contre-garde. Lame presque droite portant trois gorges d'évidement. C. S.

311. Sabre allemand du xviie siècle. Poignée en fer ciselé en ronde bosse. Le pommeau présente une tête de guerrier coiffée d'un casque. Cette tête se reproduit aux extrémités des quil-

lons, qui sont au nombre de trois, disposition
rare et originale. Garde unique, ornée d'un médaillon représentant un homme de guerre armé
d'un cimeterre. La lame, d'une exécution remarquable, marquée d'un beau poinçon de fabrique, porte dans ses gorges la devise *Soli Deo
gloria*, et le nom de l'ouvrier *Me fecit Arnoldt Ba-
verdt.* — *Solingen.* C. S.

312. Sabre italien de la fin du xvie siècle ou
du commencement du xviie. Poignée en cuivre
ciselé et doré. Le pommeau représente en profil
deux têtes accolées, la bouche ouverte. Ces
têtes se retrouvent aux extrémités des deux quillons. Lame presque droite, très-aiguë, portant
à son dos deux gorges d'évidement. Marque de
fabrique *Ionnes.* M. L.

313. Petit sabre italien du xviie siècle. Poignée en cuivre, ciselée et dorée (pièce surmoulée). La fusée présente, dans des niches, des
figures. M. L.

314. Épée à deux mains, italienne. Pommeau et gardes autrefois dorés en partie. Les

gardes sont symétriques, et les quillons sur le même plan que les gardes, recourbés vers la pointe de l'arme, sont de grandes dimensions. Lame dentelée, dite *flamboyante*, gravée et dorée. On remarque dans les ornements, d'un côté, un écusson armorié portant au 2 de France, au 3 de Jérusalem, des médaillons à tête de guerrier et une devise illisible; de l'autre, les armes de France et deux médaillons semblables. Chaque ornement est terminé par un écu portant une épée mise en pal. Le bois de la fusée offre encore des traces des anciennes garnitures. C. S.

315. Épée à deux mains, analogue à la précédente, portant les mêmes armes sur la lame et de plus le nom de *Antonio Ficcininio*. On remarque aussi un sceptre ailé surmonté d'une fleur de lis. La fusée offre sa garniture complète de velours noir, ornée d'un filet en fil d'argent. C. S.

316. Sous le même numéro, deux épées ordinaires à deux mains; elles ne diffèrent que par quelques dispositions particulières dans les

gardes, par les dimensions de leurs lames flam-
boyantes et la forme de la fusée; l'une porte des
clous en cuivre à la fusée[1]. C. S.

317. Épée à deux mains, simple, du commencement du XVIe siècle. Gardes sans ornements. Lame droite portant au talon quatre
gorges d'évidement à filet, dont deux se prolongent sur le corps de la lame. C. S.

318. Épée à deux mains, allemande, dentelée; sa lame, presque entièrement gravée, présente, d'un côté, l'inscription en allemand : *Je
suis nommé X. X. R. ZELL, coutelier à Bibera, par
l'amour de mon métier et à mon honneur. Je tiens
dans ma main ce glaive de bataille, je me défendrai
vigoureusement contre mon ennemi. 1603.* (Armoiries indéchiffrées.) C. S.

319. Épée à deux mains, simple, à poignée
noircie. La lame, droite, présente une légère
arête et porte au talon deux crocs qui rempla-
cent la petite garde ordinaire. C. S.

---

[1] L'une d'elles, celle aux clous en cuivre, appartient au
Musée du Louvre.

320. Épée à deux mains, italienne, de la fin du xve siècle ou du commencement du xvie. Poignée noircie, à pommeau rond et plat. Lame à trois pans, portant une marque de fabrique, en cuivre, incrustée. Le fourreau en cuir frappé et gaufré, d'une belle conservation. C. S.

321. Sous le même numéro, deux grandes épées de parement, vénitiennes ; poignées très-riches en cuivre ciselé et doré. Elles sont toutes deux de même nature et n'ont entre elles de différence que dans la forme et les ornements. C. S.

322. Épée de chasse présentant ses arrêts. Lame gravée portant la devise : *An toi te fie.* Poignée ciselée à filets. A. S. M.

DAGUES ET POIGNARDS.

323. Sous le même numéro, deux dagues en fer, noirci, du milieu du xve siècle. A rondelles. Fusée ciselée de quelques filets en creux. Fourreau du temps, en cuir, servant de trousse et

portant les gaînes de deux petits couteaux à lames triangulaires non évidées. C. S.

324. Sous le même numéro, deux autres dagues à peu près semblables aux précédentes. Elles en diffèrent par la rondelle de pommeau, et la fusée, ornées de stries ciselées. Les lames sont les mêmes. Elles portent toutes quatre la même marque de fabrique. C. S.

325. Dague du milieu du xve siècle, en fer ciselé. Le pommeau présente une tête d'homme. Petite coquille repercée de quelques trous, et tournant sa convexité vers le pommeau. Quillons. Lame de forme particulière, taillée en dard à quatre faces à son extrémité. A. S. M.

326. Langue de bœuf du commencement du xvie siècle ou de la fin du xve. Complète, avec son fourreau en cuir noir gaufré et frappé. Poignée d'ivoire à rosace en cuivre. Quillons, et pommeau en cuivre ciselé. Cornalines à l'écusson. Lame taillée à pans, à compartiments, richement gravée et dorée. C. S.

327. Langue de bœuf de la même époque

que la précédente. Poignée à rosaces en ivoire.
Garniture en fer gravé, ciselé et doré, portant
une devise : *Melius est vicinus quam* . . . . . La gravure de la lame richement dorée sur fond noir
représente, d'un côté, le Jugement de Pâris, de
l'autre, Actéon changé en cerf. Fourreau complet; il porte la gaîne du petit couteau appelé
bastardeau. C. S.

328. Langue de bœuf. Poignée en ivoire,
garnie de ses rosaces. Pommeau en cuivre doré
et ciselé. Quillons en fer doré et ciselé. Les sujets de la lame sont, d'un côté, une Tentation
de saint Antoine avec la devise *Fortitudo*, et, de
l'autre, une statue d'homme se perçant le sein
avec une épée (peut-être la mort de Caton d'U-
tique). Le fourrou complet, richement orné,
en cuir gaufré, porte son bastardeau à poignée
de corail M. L.

329. Langue de bœuf analogue aux précédentes. La poignée porte une devise : *Heroes
efficit sola virtus*. Lame dorée en plein au talon,
et gravée. Fourreau complet à gaîne richement
ornée. C. S.

330. Petite langue de bœuf. La poignée a pour devise : *Deus, in nomine tuo salvum me fac.* La lame, gravée et dorée comme les précédentes, porte des armoiries. Fourreau en cuir et à gaîne de bastardeau, richement orné. C. S.

331. Dague suisse de la première moitié du xvie siècle. Poignée en acajou, garnie de cuivre doré. Fourreau remplissant l'office de trousse, portant un couteau et un poinçon. Bas-relief découpé, ciselé et doré, d'une exécution remarquable. Le sujet représente Guillaume Tell visant la pomme sur la tête de son fils. Fond vert. Elle porte la date 1563. C. S.

332. Dague suisse analogue à la précédente. Le sujet du bas-relief du fourreau, à fond de peau de chagrin, représente un roi ou un seigneur à genoux au pied d'un trône occupé par un enfant, il est suivi de femmes et d'hommes en riches costumes du temps. Trousse complète. C. S.

333. Dague suisse analogue aux précédentes. Le sujet représenté sur le fourreau est une danse

macabre. La mort entraîne dans sa course l'empereur, la reine, le soldat, la courtisane et le moine. Trousse complète. C. S.

334. Dague suisse analogue à la précédente. Le sujet représenté est une scène de guerre dans laquelle des lansquenets menacent de leurs armes de riches bourgeois. Un lion et un ours se remarquent dans la composition. Fond en velours noir. Complète avec la trousse. M. L.

335. Dague suisse analogue aux précédentes. Le sujet représenté sur le fourreau est une scène de guerre. Des lansquenets armés de longues épées entourent une vieille femme à genoux. Un roi sur son trône a l'air d'intervenir et de vouloir les arrêter. Fond en velours vert. Trousse complète. C. S.

336. Dague suisse, fusée conique très-prononcée, le gros bout formant le pommeau repoussé en rosace. Garde en demi-coquille, découpée, ornée de têtes de lions finement ciselées. Lame à dos portant pour marque une croix incrustée en cuivre rouge. Riche fourreau en fer repoussé, orné d'anneaux saillants en fer découpé. Cette forme de fourreau est caractéristique pour ces sortes d'armes.

337. Dague suisse en fer noirci, ciselée. Poignée conique ornée de masques et d'ornements. Fourreau en fer ciselé comme la poignée, médaillons à figures de cavaliers. Gaîne pour bastardeau. C. S.

338. Dague allemande. Poignée finement gravée. Fourreau de forme cylindrique entièrement gravé. On y remarque la double aigle des empereurs d'Allemagne. La partie découpée du fourreau laisse voir un fond en filigranes. Trousse complète avec couteau et son poinçon. C. S.

339. Petite dague italienne, qui se portait avec le costume civil. Poignée en fer ciselé d'un travail fin. Des figures de singes assis, qui se voient à la fusée et aux quillons, font le principal motif de l'ornement. Fourreau de l'époque en cuir. M. L.

340. Dague presque semblable à la précédente; elle n'en diffère que par les figures de singes

qui sont debout, et les extrémités des quillons
qui représentent des têtes de monstres. Fourreau
du temps, en cuir. M. L.

341. Dague italienne en fer ciselé, autrefois
doré. Le pommeau et les deux quillons présentent
la même tête de monstre. L'exécution de cette
pièce est remarquable. Lame pleine triangulaire.
C. S.

342. Dague italienne d'une grande finesse de
travail. Le pommeau et les deux extrémités des
quillons sont des boutons de forme circulaire
évidés, d'une exécution remarquable. Lame
pleine quadrangulaire portant des espèces de
coches d'évidement. Fourreau du temps avec ses
garnitures en fer ciselé. M. L.

343. Dague italienne d'un joli travail. Poignée à boutons, décorée d'ornements incrustés
en argent sur fond noir. Lame pleine quadrangulaire. M. L.

344. Dague italienne en fer noirci. Pommeau
à bouton presque sphérique. Les quillons se ter-

minent par des boutons aplatis. Lame pleine quadrangulaire. M. L.

345. Fragment de dague à quillons ciselés, trouvé à l'île des Cygnes. C. S.

346. Dague du XVIIe siècle. Fusée en corne sculptée en torsade. Garde en coquille ciselée et repercée à jour. Lame pleine quadrangulaire portant au talon une marque de fabrique. C. S.

347. Dague espagnole du XVIIe siècle. Pommeau en croissant aplati. Quillons recourbés à l'intérieur et repercés à jour. Anneau pour placer le pouce. A la lame, gorges d'évidement profondes et repercées à jour. C. S.

348. Dague italienne en fer noirci, ciselée. Petites marques au pommeau et à la garde en anneau. Lame à arêtes, épaisse, à talon doré et gravé. Quillons recourbés et tournés vers la pointe. Fourreau portant sa gaîne et son bastardeau, décoré des mêmes ornements que la poignée. M. L.

349. Dague italienne. Poignée à fond noir

damasquinée en or. Lame de fabrique espagnole, évidée à filets vifs et saillants, présentant une forte arête repercée à jour. Fourreau de l'époque. C. S.

350. Dague à poignée simple et sans ornement. Fusée en bois. La lame est évidée à filets et repercée à jour, d'une belle exécution. C. S.

351. Dague d'un travail allemand, en fer noirci et à filets dorés. Fusée de forme conique, en torsade, à gorge dorée. Pommeau presque plat représentant un arbre ; à la droite de l'arbre un aigle, à sa gauche un hibou. Petite garde en anneau et quillons décorés de rinceaux en feuillages. Fourreau en fer noirci. On remarque, à sa partie supérieure, un saint Georges terrassant le dragon. Trousse complète, comprenant deux couteaux et un poinçon. M. L.

352. Dague de la fin du xvie siècle et du xviie. Poignée en fer, portant quelques petits ornements dorés. Ses doubles quillons, très-recourbés, forment le caractère distinctif de cette arme. Lame plate, talon à cannelures. A. S. M.

353. Dague italienne. Poignée en cuivre ciselé et doré. Le pommeau et les quillons portent des masques de femme. Figures de l'Amour et de Vénus sur la fusée. Fourreau en cuivre ciselé et doré, représentant une mêlée de cavaliers et de soldats romains. Elle porte son bastardeau. C. S.

354. Dague italienne. Poignée en cristal de roche, garnie d'ornements en cuivre doré et ciselé. Lame plate à pommeau autrefois gravé. Fourreau à fond de galuchat vert, décoré de riches garnitures en cuivre doré et ciselé du plus beau goût. On y remarque une figure de Mercure. C. S.

355. Belle dague dite *main gauche*, espagnole, d'une grande richesse. Pommeau ciselé à champignon. Fusée évidée. Garde ciselée et repercée à jour. Très-longs quillons. Lame plate à un seul tranchant; dos dentelé et ciselé. A. S. M.

356. Main gauche espagnole. Garde de petite dimension, pleine, ciselée en écailles. Lame profondément évidée, à filet saillant et repercée à jour. C. S.

6

357. **Main gauche.** Garde simple, décorée d'un ornement en rinceaux, ciselée et repercée à jour. Lame étroite, à large talon, gravé au poinçon. On y remarque une S couronnée. M. L.

358. **Main gauche espagnole.** Pommeau et fusée évidés. Garde entièrement repercée à jour, à rinceaux et ciselée. On remarque deux cordons qui vont du pommeau aux quillons. Lame plate à dos tranchant. M. L.

359. **Dague espagnole,** portant une garde fermée par un ornement à grille, formée d'ouvertures carrées et repercées à jour. Belle lame, large, à trois gorges d'évidement, profondes et fournissant deux filets saillants. M. L.

360. **Trousse de la seconde moitié du xvie siècle.** Fond noir et damasquiné d'or. Très-fine. Elle se compose de trois couteaux (un grand et deux petits) et d'une fourchette. Poignée en ivoire. Fourreau de velours noir, Garnitures damasquinées. Elle porte la date de 1570 d'un côté, et de l'autre le monogramme R. B. M. L.

361. **Trousse en ivoire.** La poignée du grand

couteau représente une Vénus tenant la pomme et coiffée à la mode du temps (Henri II). Le petit couteau offre une tête de fou. Lame à talons gravés et dorés. Fourreau en ivoire sculpté à filets. M. L..

362. Trousse de deux couteaux à talons dorés. Manches de cristal de roche. Garnitures en acier damasquiné d'or sur fond noir. Fourreau revêtu d'un filigrane. La chape et sa bouterolle ornées comme les garnitures des couteaux. C. S.

363. Couteau ayant fait partie d'une trousse du milieu du xvie siècle. Dos et talon de la lame gravés et dorés. Manche d'ivoire sculpté. Pommeau et quillons en acier noirci et doré, ciselés en torsade. C. S.

364. Grand couteau ayant pu servir à la chasse ou à la table. On voit une devise gravée à son dos, dans laquelle on peut lire : *Vive le bon compagnon*, etc. Manche en bois, orné d'une riche et fine incrustation en fil de cuivre à rinceaux. M. L.

365. Petite épée d'enfant à poignée d'argent.

Lame bleuie et dorée; manufacture de Versailles.
C. S.

ARMES D'HAST.

366. Sous le même numéro, quatre ron-
cones italiens. Ils portent les armes de Bourbon
ancien : d'azur à trois fleurs de lis d'or, à la co-
tice de gueules. Première moitié du XVIe siècle.
Ces armes ont probablement appartenu aux
gardes du connétable de Bourbon. A. S. M.

367. Fauchard de guerre. Anciennement
gravé. (Le chiffre en lettres romaines est moderne.) Ces armes furent en usage pendant le
XIVe et le XVe siècle, et se continuèrent même
plus tard en Italie. On les employait surtout
dans la marine. Il en est fait mention dans les
écrivains du XIVe siècle, entre autres dans le
poëme du *Combat des Trente*. C. S.

368. Marteau d'armes. Mail à trois dents
évidées. Bec à corbin, de grande dimension,
armé en tête d'une pointe quadrangulaire.
Grande douille à boutons ciselés. C. S.

369. Sorte de roncone ou de couteau de brèche; il porte, au centre, un écusson gravé et armorié, aux armes de Savoie; sur la droite de l'arme, une pointe flamboyante. Le dos de la lame est en partie dentelé. C. S.

370. Couteau de brèche portant la date 1609. La lame, presque entièrement gravée, présente un écusson armorié. C. S.

371. Couteau de brèche analogue au précédent; sa lame offre, dans ses gravures, les briquets, les étincelles et les bâtons noueux de la maison de Bourgogne; elle porte la date (1649) et les lettres *F. C. E. C. S.*

372. Grand fauchard ou sorte de couteau de brèche, de dimensions remarquables; sa lame est ornée de figures en relief et ciselées, d'une riche composition. Elle est découpée en ronde bosse sur le dos, d'un grand effet décoratif. Cette arme de parement est italienne et semble vénitienne, d'après le goût du travail. A. S. M.

373. Hallebarde du xviie siècle. Le fer est découpé à jour, présentant, d'un côté, un crois-

6.

sant, les pointes en avant; de l'autre, un croc.
Longue pointe ornée à sa base d'un bouton ci-
selé à jour, décoré de marques presque effacées.
C. S.

374. Hallebarde allemande. Fer gravé en
rinceaux à feuillages, présentant une figure dans
le costume du temps (commencement du xvii°
siècle). Croissant et croc. Longue pointe en tête.
C. S.

375. Hallebarde de la même époque. Fer
repercé à jour et gravé, présentant, dans son
ornement, quatre figures de dauphins. Croissant et croc. Longue pointe à quatre pans en
tête, offrant à sa base un bouton sculpté à médaillon. A. S. M.

376. Hallebarde allemande de la même
époque. Fer non repercé et entièrement gravé
en rinceaux à feuillages. On remarque deux
écussons portant les armes d'un évêque, surmontés d'une longue pointe à quatre pans. A.
S. M.

377. Hallebarde allemande de la même épo-

que. Fer plein, entièrement orné et gravé. Médaillon portant un aigle à une tête sur fond d'or. Croissant et croc découpés. Très-longue pointe en tête, gravée à sa base. A. S. M.

378. Hallebarde de la seconde moitié du XVIe siècle ou du commencement du XVIIe. Fer plein, percé de trous circulaires disposés en rosace, entièrement gravé. On remarque, dans la gravure, des médaillons de guerriers et des figures de grues ou de cigognes. Très-petit croc presque droit. En tête, une lame plate comme une lame d'épée, et assez courte. A. S. M.

379. Hallebarde allemande. Fer présentant un tranchant en forme de S et un croc très-prononcé, en partie gravé. On distingue, sur les deux médaillons qui décorent la hache proprement dite, des armoiries dont le fond était autrefois doré : au 1 et au 4, un lion la queue nouée; au 2 et au 3, une cigogne; pour cimier, un lion et une cigogne. Le fer est surmonté d'une lance large, aiguë et évidée. On lit les caractères *H. R. H. V. P.* A. S. M.

380. Hallebarde italienne. Fer présentant

6..

un croissant et un croc, à rosaces et à compartiments gravés et évidés. Forte pointe évidée, tra-
vaillée en façon de dague. C. S.

381. Hallebarde de la même époque. Fer de
petite dimension. Croissant et croc sans gravures. Surmonté d'une pointe ayant un bouton
ciselé à sa base. M. L.

382. Hallebarde allemande de la même époque, portant la date 1570. Fer entièrement
gravé, représentant une couronne fermée sur la
lame, dont il est surmonté; les lettres *A. N. C.
W.* sur la hache proprement dite, et la date
1570 sur le croc. C. S.

383. Hallebarde allemande portant les armes
de Saxe sur la hache proprement dite, et les
lettres C, D, A, H, S, C sur le croc. Elle porte
le millésime 1608. M. L.

384. Hallebarde à fer entièrement découpé
et gravé. Croissant et croc. Longue pointe, offrant à sa base un bouton repercé, à marques
bien conservées. Elle semble italienne. C. S.

385. Hallebarde à fer découpé et gravé, au-

trefois entièrement dorée, à l'exception de la
pointe qui la surmonte. Le croc et la hache représentent des ouvertures formant la rosace. La
pointe du croc porte un renfort. A. S. M.

386. Hallebarde en fer de petite dimension,
entièrement repercée à jour. Elle porte une
longue pointe à quatre pans non évidée, et présente à sa base un bouton simple de forme arrondie. C. S.

387. Hallebarde à fer entièrement gravé.
Pointe aplatie à son extrémité. Médaillons gravés sur le fer de la hache. A. S. M.

388. Sous le même numéro, deux hallebardes à fer découpé et dentelé. Cette forme
est la plus ancienne; elle se trouve dans les
gravures des triomphes de Maximilien. C. S.

389. Hallebarde vénitienne, à fer découpé,
repercé et ciselé en ronde bosse. On y voit le
lion ailé de Saint-Marc et un guerrier poursui-
vant le croissant. La pointe est fine et aplatie.
C. S.

390. Hallebarde surmontée d'un fer très-

large, comme celui d'une dague courte, à arête saillante extrêmement prononcée. Croc et hache découpés, sans ornement. M. L.

391. Hallebarde au soleil, du xviii⁰ siècle. M. L.

392. Bardiche, arme d'hast russe, du xvii⁰ siècle, d'une belle exécution. Fer entièrement gravé. On remarque sur sa longue et large lame trois médaillons : le premier offre une tête à turban, le second une aigle éployée, le troisième un écusson armorié présentant un cœur percé de deux flèches, et au-dessus un D. Le croc porte deux crochets. C. S.

393. Sous le même numéro, deux hallebardes allemandes à grandes ailes, richement gravées. La pointe est remplacée par une lame de pertuisane. On remarque sur les ailes deux écussons armoriés. C. S.

394. Sous le même numéro, deux armes d'hast, découpées à trois pointes et formant trident. Fer uni sans gravure[1]. C. S.

[1] Celle dont la hampe n'est pas garnie appartient au Musée du Louvre.

395. Corsesque légèrement gravée, du xvᵉ siècle. Les angles des crocs sont de grandes dimensions. A. S. M.

396. Pertuisane du commencement du xvıᵉ siècle, à fer gravé; ailerons découpés présentant deux pointes et deux crocs. On remarque sur la gravure un médaillon; au milieu, une fleur de lis. A. S. M.

397. Pertuisane italienne de la même époque. La base du fer a été autrefois richement ornée de dessins damasquinés en or sur fond bruni. Ailerons découpés présentant deux pointes et deux crocs. A. S. M.

398. Pertuisane de la fin du xvıᵉ siècle. Belle lame entièrement et finement gravée; elle représente des guerriers en costume romain. Le trait caractéristique de cette arme est la longueur de ses ailerons formant deux crocs aigus, comme certaines hallebardes. A. S. M.

399. Pertuisane italienne du xvııᵉ siècle, en fer, de [forme allongée, évidée, relevée à forte arête. Base de la lame richement ornée d'une

décoration poinçonnée à entrelacs; petits ailerons. Cette forme est celle des plus anciennes
armes de cette espèce. C. S.

400. Pertuisane de l'époque du règne de
Louis XIV, portant l'image du soleil et les armes
de France, présentant une forte arête en saillie.
Elle est dorée et gravée environ au tiers de sa
longueur. Petits ailerons relevés vers l'extrémité
du fer. C. S.

401. Pertuisane de la première moitié du
xviie siècle, d'une grande beauté d'exécution.
La lame, noircie, est entièrement couverte d'un
ornement d'argent en relief d'une riche composition. On remarque à la base deux médaillons, dont l'un représente un guerrier à cheval,
en armure; l'autre une femme en costume antique. Ailerons découpés à deux pointes; bouton
de douille évidé et ciselé; douille ornée comme
le fer de l'arme. M. L.

402. Pertuisane italienne ou espagnole en
fer, ornée symétriquement de rosaces, de filets
et d'ornements ponctués. Elle porte diverses de-

vises : *Inter arma silent leges*, etc. *Nec temere,
nec timide* et *Pro Christo*. Larges ailerons à petites découpures. C. S.

403. Hallebarde moderne portant l'image du
soleil, les armes de France et de Navarre et les
deux C entrelacés de Charles X. Fond bleui,
ornements dorés. M. L.

404. Esponton italien à fond d'or gravé au
poinçon. On remarque une figure sculptée. A.
S. M.

405. Esponton du xviiie siècle. Fer presque
entièrement gravé. Il porte l'aigle à deux têtes,
les armes de la maison de Lorraine, celles de la
maison de Habsbourg et l'anagramme ᵀFIM. M. L.

406. Esponton français portant, sur un fond
noir, un semé de fleurs de lis en argent. A. S. M.

407. Esponton allemand portant un écusson
armorié; au premier, un lion contourné; au second, une aigle éployée; au troisième, un
double W; au quatrième, une tête de femme
vue de face; sur le tout, une tête de léopard.
Attributs militaires gravés. C. S.

408. Esponton italien, portant deux médaillons de figures en pied de soldats romains. Il est orné de têtes de clous en losange, posées en quinconce sur fond noirci. C. S.

409. Petit esponton très-finement gravé au poinçon, portant, au centre de son fer, deux médaillons circulaires à têtes de guerriers romains. C. S.

410. Esponton à lame entièrement gravée. Ailerons à trois pointes, celle du milieu flamboyante. Médaillon gravé représentant un trophée d'armes. C. S.

411. Fourche de guerre du xviie siècle, à deux branches et à deux crocs renversés. C. S.

412. Sous le même numéro, deux porte-mèches d'artillerie du commencement du xviie siècle ou de la fin du xvie, découpés à jour. Bouton fortement évidé dans lequel passait la mèche. Le fer décoré d'une tête de lion en cuivre doré en relief. A. S. M.

413. Porte-mèche plus simple que le précédent; fer uni. Les branches sont terminées par

deux têtes de chimères, dans les mâchoires desquelles se plaçait la mèche. C. S.

414. Sous le même numéro, deux épieux de chasse anciennement gravés. Hampes revêtues de lanières de cuir, tressées en losange et fixées par des clous de cuivre à têtes saillantes. C. S.

415. Grand épieu de chasse à forte arète, portant encore son ancienne hampe et sa garniture. La forme du fer, presque polygonale, est à remarquer; il porte son arrêt mobile. C. S.

416. Arme d'hast de la nature des épieux, mais qui ne semble pas une arme de chasse. Fer ciselé présentant une figure de hallebardier. Longue douille entièrement ciselée portant un arrêt fixe en forme de croc et un bouton ciselé. Cette arme paraît italienne. A. S. M.

417. Épieu italien, lame en feuille de sauge entièrement gravée. Douille damasquinée en or; double arrêt fixe, à deux crocs recourbés en sens inverse. A. S. M.

418. Épieu italien ou allemand, en feuille de sauge, entièrement gravé. Sans arrêt.

419. Épieu de chasse allemand, entièrement et finement gravé. La lame est à trois comparti-ments, correspondant à trois canons de pisto-let, dont les platines à rouet sont placées à la douille; cette douille porte trois crocs. Garni-tures en fer découpé et gravé sur fond rouge; hampe incrustée d'ivoire. Cette belle arme est complète. C. S.

ARMES DE JET.

420. Arbalète à pied de biche ou à crenne-quin, du xviiᵉ siècle, à double détente (les tou-rillons ont été raccourcis). Arc d'acier, simple, ayant encore ses floches de soie. Fût à crosse plate, incrusté d'ivoire gravé. On remarque à l'écusson les briquets de la maison de Bourgo-gne. C. S.

421. Grande arbalète à tour, complète. (C'é-tait l'arme des arbalétriers à pied.) Grand étrier pour mettre le pied quand on bandait l'arme. Fût incrusté d'ivoire, orné de plaques d'acier et

d'incrustations en ivoire. Sur une plaque sont gravées, en faisceau, cinq flèches. C. S.

422. Arbalète à cric, de la seconde moitié du xv⁰ siècle, entièrement couverte de plaques d'ivoire, gravées et sculptées en bas-relief. Les sujets, anciennement peints, sont tirés de la Bible et du Nouveau-Testament. D'un côté, on reconnaît Adam et Ève dans le paradis terrestre, Moïse et les serpents, le sacrifice d'Abraham ; de l'autre, l'Annonciation, le baptême du Christ, son crucifiement. Au dos de l'arme, est la Résurrection. A la crosse, se voit la figure gravée d'un homme d'armes, qui fixe la date de cette arme curieuse, l'une des plus importantes de la collection. Elle semble flamande. C. S.

423. Arbalète à cric, du commencement du xvii⁰ siècle ou de la seconde moitié du xvi⁰. Fût en ébène, richement orné de plaques d'ivoire gravées. Arc en acier, d'une force remarquable. On remarque, sur la crosse, le numéro 13 ancien. C. S.

424. Arbalète à cric, de la première moitié du xvi⁰ siècle. Arc en acier d'une grande force.

Fût en acajou, revêtu de plaques d'ivoire simples, à filets gravés. Elle est pourvue de son cric
complet, sans ornements, portant une marque
de fabrique. C. S

425. Belle arbalète à cric, du commencement du xviie siècle, portant son cric. Fût en
pommier rouge, richement incrusté d'ivoire
gravé. On remarque, sur ses côtés, et liées aux
rinceaux à feuillages de l'ornement, des figures
de cavaliers armés d'épieux, d'archers, de halle-
bardiers, etc. A. S. M.

426. Arbalète de la même époque que la
précédente. Fût de bois de pommier rouge. Incrustations d'ivoire très-fines, représentant des
sujets de chasse, mêlés aux rinceaux à feuillages
de l'ornement. On remarque, à la crosse, un
sanglier bourrant un chasseur et entouré de
chiens. Cric complet, entièrement gravé, autrefois doré; la plaque du tambour est repercée à
jour et gravée. C. S.

427. Arbalète de chasse, d'un système particulier, se rapprochant du crennequin ou pied
de biche ordinaire. Fût en acier gravé; crosse

en ébène incrustée d'ivoire. Portant un médaillon de femme en costume de la fin du XVIe siècle ou du commencement du XVIIe, finement exécuté. A. S. M.

428. Arbalète à jalet, complète. Fût en bois sculpté, autrefois peint; présentant des masques et mascarons d'une exécution assez remarquable. Sur le manche, on remarque une tête de femme en ronde bosse, faisant saillie. Italienne. M. L.

429. Arbalète à jalet, italienne, de la seconde moitié du XVIe siècle. D'une exécution remarquable. Garnitures en acier noirci et damasquiné en or, du travail le plus fin. Sur le manche, une chimère ailée, en ronde bosse; masques et mascarons. A. S. M.

430. Petite arbalète vénitienne de main, en acier, d'un mécanisme particulier. A manivelle. A. S. M.

431. Cric à grande manivelle, d'une construction particulière. Boîte en bronze et à crochet. C. S.

432. Cric allemand entièrement gravé. Son

tambour est fermé par une plaque pareillement gravée et dorée, présentant les armes de Bavière : au 1 et au 4, un lion, la queue fourchée ; au 2 et au 3, losangé d'azur et d'argent. Maison de Bavière. A. S. M.

433. Sous le même numéro, sept carreaux d'arbalète dits *traits communs* ; c'est le type du trait de guerre. C. S.

434. Sous le même numéro, deux traits d'arbalète de guerre, à pointe triangulaire et barbelée. C. S.

435. Sous le même numéro, quatre traits, dont la pointe diffère légèrement des précédents. Armes de guerre. C. S.

436. Beau carreau d'arbalète de chasse, à large pointe barbelée, allemand. Gravé, portant une inscription : *Maria W.* M. L.

437. Trait d'arbalète de chasse, dont la tête est à saillies plates à quatre faces. Ce trait est une sorte de matras. Il servait à chasser les animaux dont on ne voulait pas souiller la plume ou la fourrure. C. S.

438. Trait d'arbalète, à longue pointe gravée, de chasse, portant une inscription. M. L.

439. Trait d'arbalète, dont la tête est taillée à croissant, gravée. Porte une inscription: *Maria*. M. L.

ARMES A FEU PORTATIVES.

440. Petite arquebuse à mèche, de la seconde moitié du XVIe siècle. Canon taillé à pans. Fût entièrement incrusté de plaques d'ivoire gravé. Serpentin simple. Bassinet à couvre-feu. Crosse arrondie, portant des gravures de masques des deux côtés de la queue de culasse. C. S.

441. Arquebuse à mèche du commencement du XVIIe siècle, portant sa date sur le pan supérieur du canon: 1607. Canon taillé à pans et à visière, en cuivre gravé. Fût en pommier rouge, incrusté d'ivoire à filets, richement orné. On remarque à la crosse la figure d'un cerf au repos; au dos, un guerrier vêtu à l'antique; à l'écusson, une aigle surmontant une tête de lion. C. S.

442. Arquebuse à mèche du xviie siècle (première moitié). Canon taillé à pans jusqu'au tiers de sa longueur. Bois entièrement incrusté d'ivoire. Figures de lièvre et d'oiseaux en ivoire gravé se détachant sur un fond continu de rinceaux d'une grande finesse d'exécution. Ce travail d'incrustation remarquable semble être flamand. C. S.

443. Gros mousquet de rempart du commencement du xviie siècle. Suisse. Canon taillé à pans, portant une gorge de visière et trois poinçons à fleur de lis en or. La visière a été enlevée. Bois entièrement orné d'incrustations d'ivoire à sujets et à rinceaux à feuillages. Au côté gauche de la crosse, le sujet représenté est Guillaume Tell visant la pomme sur la tête de son fils. Au côté droit, sous des arceaux, des ours habillés en homme dans les différentes positions de la charge du mousquet, etc. Platine à petit serpentin. Il manque le bassinet et une des mâchoires du chien. A. S. M.

444. Sorte de pétrinal à mèche, allemand. Canon entièrement ciselé en relief, pris dans la

masse du métal, décoré de sarments de vigne portant ses grappes et d'oiseaux liés à l'ornement. Bois sculpté, présentant le même motif de décoration que le canon. Crosse tournée en volute. Serpentin ciselé en forme de chimère, dont la tête est celle d'une chèvre, et le corps d'un dragon à écailles. Baguette en bois, à bout ciselé. M. L.

445. Petite arquebuse de chasse, dite *pied de biche*, à rouet. Allemande, du milieu du xvie siècle. Canon à pans, bruni, gravé au poinçon, et doré à la culasse, à son milieu et à la bouche. Bois entièrement orné d'incrustations en ivoire. Platine dont le mécanisme est en dehors de l'arme. C'est l'époque la plus ancienne du rouet; chien découpé à jour et gravé. Tambour maintenu par deux bandes. C. S.

446. Sous le même numéro, deux arquebuses analogues à la précédente. On remarque à leur crosse la figure d'un cerf et d'une biche tournés l'un contre l'autre. C. S.

447. Sous le même numéro, deux arquebuses à pied de biche. La bride du rouet de l'une

d'elles est encore dorée ; dans l'autre, on remarque des médaillons en nacre et un écusson armorié à la crosse. C. S. [1]

448. Arquebuse analogue aux précédentes. On voit sur la crosse la figure d'un ours qu'un chasseur, aidé de son chien, attaque avec l'épieu. C. S.

449. Arquebuse analogue aux précédentes. Sur la crosse, un médaillon ovale à ornements. C. S.

450. Pétrinal à crosse arrondie, à rouet. Canon rayé à pans, presque au tiers environ de la longueur. Bois entièrement orné d'incrustations en ivoire. On remarque dans les rinceaux à feuillages des figures de lions et de dragons. Rouet retenu sur le corps de platine par un tambour à deux vis et à plaques repercées à jour. Tringle et anneaux de suspension. C. S.

451. Pétrinal à crosse arrondie, française. Canon bruni, gravé et doré. Bois très-richement

[1] L'une des deux arquebuses, celle à plaques de nacre, appartient au Musée du Louvre.

orné d'incrustations en ivoire et de petits médaillons en argent repoussés et ciselés, d'une exécution très-fine, représentant des sujets variés.
Le rouet est retenu par une bride et une seule
vis. Toute la platine anciennement dorée. A.
S. M.

452. Arquebuse française à rouet, du commencement du xviie siècle. Canon rond, portant
une arête supérieure champlevée et une visière
sculptée, à figurine. Bois offrant la décoration la
plus riche, incrustations en ivoire, bas-reliefs
en ivoire sculpté, représentant des sujets de
chasse, au nombre de huit sur le fût seul.
Crosse de forme française, présentant un costume à la Henri IV, qui précise la date de cette
arme remarquable. Platine française. Rouet
découvert, retenu par une bride plate à deux
vis. C. S.

453. Arquebuse allemande à rouet, de la
première moitié du xviie siècle. Canon rond,
richement damasquiné eu argent. Bois d'if,
entièrement sculpté en relief, d'un beau travail,
présentant à la crosse, dans un médaillon circu-

laire, l'aigle à deux têtes des empereurs d'Allemagne, et deux lions comme support. Corps de platine et timbre du rouet damasquinés en argent, comme le canon. Le rouet est presque noyé dans le corps de platine. Double détente. C. S.

454. Arquebuse courte, allemande, à canon rayé, à tourelles, taillé à pans, gravé à la culassse (seconde moitié du xviie siècle). Fût en noyer, entièrement incrusté d'ivoire gravé. On remarque à la crosse les sujets d'Adam et d'Ève dans le paradis terrestre, et leur fuite. C. S.

455. Arquebuse à rouet, de la seconde moitié du xviie siècle, peut-être du commencement du xviiie. Canon taillé à pas. Ornements découpés et dorés à la visière. Visière à feuillets mobiles. Le canon rayé, à hélice, en renferme un autre de très-petit calibre, pareillement rayé; de sorte qu'on pouvait, à volonté, en plaçant ou en ôtant ce petit canon, tirer avec un projectile de dimensions considérables ou avec une simple chevrotine. Cette arme peut être considérée comme un chef-d'œuvre d'armurerie. Bois de

bouleau, portant à la crosse, dans un médaillon ovale, les armes de Prusse. Rouet entièrement noyé dans la platine. Cette arme curieuse a probablement appartenu à un roi de Prusse. C. S.

456. Arquebuse à rouet, italienne. Canon taillé à pans. Crosse tournée en volute, incrustée d'ornements en fer découpé et gravé. On remarque à la crosse un chapeau de cardinal et trois abeilles; au dos de l'arme, ces trois abeilles posées dans leur écusson. A la platine, deux clefs mises en sautoir. Rouet de grandes dimensions, retenu sur le corps de platine par une bride circulaire à deux vis. Cette arme a appartenu à quelque soldat de la garde du pape Urbain VIII. Les Barberini portaient d'azur à trois abeilles d'or. A. S. M.

457. Arquebuse à rouet et à deux coups dans le même canon; à chacun d'eux correspond une platine séparée. Canon taillé à pans. Bois d'if incrusté d'ivoire. On remarque, sur le côté gauche du fût, les figures d'un moine et d'un cardinal terminées par une queue de serpent. Tambour de rouet en cuivre doré et ciselé. C. S.

458. Fusil de rempart à neuf coups, à un seul feu, à rouet. Ces coups sont fournis par neuf canons rayés placés trois à trois, les uns au-dessus des autres. Bois simple. A. S. M.

459. Petite arquebuse allemande à crossette, de la seconde moitié du xvie siècle, portant la date 1585. Elle présente, au dos, au-dessus de l'écusson, une figure de guerrier portant un écusson parti d'Allemagne et d'azur orné de fleurs de lis; au talon, un écusson portant l'aigle à deux têtes. Canon rayé à tourelles, taillé à pans jusqu'à la moitié environ de sa longueur. Rouet maintenu par une plaque de cuivre doré, et repercée à jour. Fût entièrement et richement orné de figurines en ivoire. C. S.

460. Grenadier (arme à lancer des grenades), à rouet, mortier en bronze gravé d'attributs de guerre. Fût en pommier noirci et sculpté, orné de filets et d'ornements en ivoire sculpté. Rouet simple, sans gravure, de la fin du xviie siècle. C. S.

461. Grenadier, de la même époque que le

précédent et de forme analogue. Le bois est de couleur naturelle, et le mortier sans ornement. Crosse sculptée en tête de monstre et à dents d'ivoire. C. S.

ARMES A SILEX.

462. Carabine de chasse du xviiie siècle. Viennoise. Beau canon en damas incrusté d'or. Platine gravée et ciselée. Fût en noyer sculpté, richement décoré de plaques de cuivre ciselées et dorées. On lit sur l'une d'elles : *Dominicus Aromus melster in Wienn*. Double détente. C. S.

463. Carabine allemande de chasse. Canon taillé à pans, rayé à tourelles et ciselé. On remarque une figure de chasseur assis. Platine ciselée, bas-relief à fond d'or, représentant une chasse au cerf. Fût en bois de noyer sculpté, orné de garnitures ciselées à fond d'or comme la platine. Le pan supérieur du canon porte le nom de l'armurier *A. Ruchenreuter*. A. S. M.

464. Carabine du même armurier Joh André Ruchenreuter au Regensburg. Canon rayé à tourelles, taillé à pans, incrusté d'argent. Bois en pommier noirci sculpté. Platine simple. C. S.

465. Carabine allemande. Canon taillé à pans, portant sur le pan supérieur le nom du fabricant *J. C. Morgearoth*. C. S.

466. Fusil d'une grande richesse de travail et d'exécution. Canon long, en partie taillé à pans, en damas; ses ornements ciselés et repercés sont en or. Fût et crosse garnis d'argent, ornés de rinceaux d'une grande finesse, et d'ornements pareillement en argent. Cette arme est à remarquer comme un beau spécimen de la fabrication française du xviiie siècle. A. S. M.

467. Fusil espagnol du xviiie siècle, à magasins pour la poudre et les balles. La poudre est placée au-dessus de la sous-garde. Les balles sont dans un magasin que l'on voit près du tonnerre. Le mouvement de la sous-garde tournante introduit les deux éléments de la charge dans le canon et arme la platine. On lit sur l'espèce de tambour qu'on voit au tonnerre une devise en espagnol. A. S. M.

PISTOLETS.

468. Pistolet allemand du commencement du xviiᵉ siècle. Canon taillé à pans sur une partie de sa longueur, portant une marque de fabrique. Rouet à plaque repercée à jour, simple. Fût en bois d'ébène incrusté de plaques et de filets en ivoire gravé. Pommeau sphérique aplati. Tête de lion en cuivre doré, repoussé et ciselé. C. S.

469. Paire de pistolets allemands de la seconde moitié du xviᵉ siècle. Canons et platines autrefois damasquinés d'or, et d'argent sur fonds noircis. Canons en partie taillés à pans. Tout le bois entièrement couvert de riches incrustations en ivoire gravé, teint en vert par places, représentant des sujets variés de figures et d'animaux en chasse. Pommeaux presque sphériques de grande dimension. C. S.

470. Pistolet de même époque que les précédents, d'une ornementation analogue, mais moins fine. On remarque à la poignée une figure de femme debout, tenant entre ses bras un fût de colonne. C. S.

471. Pistolet de même époque, allemand comme les précédents. Canon et platine entièrement gravés. Bois revêtu d'ornements en ivoire, gravés à rinceaux à feuillages. Pommeau sphérique, orné de têtes de lion en cuivre ciselé et doré. C. S.

472. Pistolet analogue aux précédents. Canon simple taillé à pans à la culasse, portant une marque de fabrique. C. S.

473. Pistolet de même époque que les précédents. Canon très-court, en partie taillé à pans et entièrement gravé, autrefois doré ainsi que la platine. Bois orné d'incrustations d'ivoire. Pommeau sphérique, richement garni d'ornements en cuivre ciselé et doré à médaillons. C. S.

474. Paire de pistolets français, de la première moitié du xviie siècle. Canon à filets portant une arête supérieure en saillie. Marque de fabrique. Rouet retenu par un seul boulon. Fût

entièrement orné de filigranes de cuivre et de nacre d'un joli goût. Pommeau à pans de forme ovale. M. L.

475. Long pistolet qui semble de fabrication allemande ou flamande, d'une richesse et d'une exécution remarquables. Canon de petit calibre, entièrement gravé et doré, ainsi que la platine, dont le rouet est maintenu par une bride. Fût d'ébène incrusté de plaques de nacre découpées et gravées, d'une belle exécution. Les sujets représentés sont des scènes de guerre et de chasse. Pommeau de forme ovale, aplati, orné de garnitures et de médaillons en cuivre repoussé, ciselé et doré. C. S.

476. Paire de pistolets finement travaillés, de la seconde moitié du xviie siècle. Bois entièrement orné de rinceaux en ivoire à feuillage. Corps de platine bleui. Crochets de ceinture. C. S.

477. Paire de pistolets italiens, de la fin du xviie siècle. Les canons ciselés à filets, d'une grande finesse de travail, portent le nom de l'armurier : *Domenico Bononimo.* Bois se rapprochant

des formes modernes, richement décorés d'ornements en fer repercés à jour, ciselés et gravés. C. S.

478. Paire de pistolets portant la date 1600
sur le pan supérieur de la culasse. Canon rond
ciselé à pointes. Rouet couvert entièrement par
un tambour de cuivre doré. Crosse droite terminée par un pommeau en forme de poire,
évidé. Incrustations d'ivoire à rinceaux. C. S.

479. Pistolet à deux coups l'un sur l'autre. A
chaque canon correspond une platine à rouet
séparée. Canons entièrement et richement gravés
et dorés. Rouets maintenus par des plaques repercées à jour. Exécution remarquable des platines. Pommeau de forme presque sphérique,
enrichi de garnitures en cuivre ciselé et doré.
C. S.

480. Pistolet saxon (seconde moitié du
xvi° siècle) à deux coups l'un sur l'autre, entièrement en fer, et couvert, crosse et canon, de
gravures d'une grande finesse d'exécution. On
remarque, dans les ornements, des figures à
cheval en costume du temps et les armes de
Saxe. Pommeau sphérique aplati. A. S. M.

481. Pistolet de la première moitié du
XVIIe siècle. Deux canons l'un sur l'autre et à
deux platines correspondant à chacune d'elles.
Le pommeau est en forme de poire aplatie. M. L.

482. Huit petits pistolets à rouet, de dimensions diverses, du milieu du XVIe siècle; leur
forme indique l'époque la plus ancienne. C. S.

483. Paire de pistolets à silex, italiens, de
Lazarino Comminazzo. Canon à filets d'une
grande finesse. Platine ciselée en relief, ainsi
que la tête de baguette et la calotte. Fût en
noyer, presque entièrement couvert d'un ornement en dentelle en fer repercé à jour, à figurines, à figures d'oiseaux, etc. C. S.

484. Petit modèle de grenadier en cuivre.
Bois légèrement sculpté. C. S.

ACCESSOIRES DES ARMES A FEU PORTATIVES.

485. Grande fourquine ou fourchette de
mousquet de rempart. C'est celle du n° 420.
A. S. M.

486. Fourquine de mousquet. Noir et or. La fourche et le sabot à pointe noircis. C. S.

487. Petite fourquine de mousquetaire. La fourche en cuivre ciselé. C. S.

488. Clef à remonter le rouet, en acier, à rinceaux gravés; elle est pourvue d'un amorçoir et d'un tourne-vis (xvi⁰ siècle). C. S.

489. Clef de rouet à trois trous, pourvue d'un tube fermé qui servait d'amorçoir. C. S.

490. Fragment d'un canon de fusil du milieu du xvi⁰ siècle, semé de fleurs de lis, autrefois doré entièrement. M. L.

491. Canon de gros mousquet allemand, portant une inscription et des ornements ciselés dans la masse du métal. Pourvu d'une visière à tube. Taillé à pans. C. S.

492. Grande poire à poudre en tôle peinte en blanc et vert, couverte d'ornements en relief en cuivre ciselé et doré. Le sujet principal représente une chasse au lion par des cavaliers turcs (première moitié du xvii⁰ siècle).

493. Sous le même numéro, deux cartouchières allemandes de la fin du xvi⁰ siècle, entièrement incrustées d'ivoire. Garnitures en fer noirci. Elles sont à quatre cartouches. C. S.

494. Sous le même numéro, deux cartouchières allemandes, de même époque, en fer noirci et repoussé. A quatre cartouches. C. S.

495. Cartouchière italienne, en fer repoussé, d'un beau dessin décoratif. Autrefois dorée. A cinq cartouches. C. S.

496. Sac à balles, de la fin du xvi⁰ siècle. Italien. Médaillons représentant une tête de femme entourée de figures de lions et de chimères. C. S.

497. Amorçoir à pulvérin, de forme hémisphérique, entièrement orné d'incrustations en ivoire. C. S.

498. Amorçoir en ivoire, de la fin du xvii⁰ siècle. Le médaillon, en cuivre repoussé, représente un combat de cavaliers, entouré d'une devise. C. S.

499. Amorçoir circulaire, en vermeil, gravé, enrichi d'émaux et de pierreries. Seconde moitié du xvii⁰ siècle. Les émaux représentent des oiseaux entourés d'ornements. C. S.

500. Poire à poudre de la fin du xvi⁰ siècle et du commencement du xvii⁰. Garniture en fer, simple et noire. Corps de la poire à poudre en corne de cerf. Le médaillon principal représente Vénus, Mars et l'Amour; au-dessus, une devise: *Plus penser que dire, peu parler et dire bien.* M. L.

501. Poire à poudre analogue à la précédente, en corne de cerf. Le sujet représente Samson, armé de sa mâchoire d'âne, combattant les Philistins. M. L.

502. Poire à poudre, en corne de cerf, de la première moitié du xvi⁰ siècle, comme l'indique le costume qui se voit au dos. Entièrement gravée. Le sujet représente une figure sur un piédestal, assise sur des flammes auxquelles des gens semblent vouloir allumer leurs lanternes. C. S.

503. Sous le même numéro, deux petites

poires à poudre en corne de cerf, à garnitures
de fer noirci. Sur l'une, un médaillon représentant une dame en toilette du temps; sur l'autre,
Henri IV couronné de lauriers, en armure.
M. L.

504. Amorçoir indien en ivoire, sculpté, à
figurines d'animaux en bas-relief et en ronde
bosse. C. S.

505. Amorçoir en fer, ornements en argent
incrusté, autrefois doré et ciselé en relief. M. L.

506. Grande poire à poudre, de la première
moitié du xvie siècle. Fond de velours noir.
Plaque en fer repercée à jour, garniture en fer.
M. L.

507. Poire à poudre en corne de buffle, gravée grossièrement. Le sujet représente un combat de chasseurs contre un lion. Les costumes
indiquent la fin du xvie siècle. Crochet de ceinture. M. L.

508. Poire à poudre en corne de bélier,
sculptée. Elle porte, d'un côté, les armes de

France, la figure d'un ange et une tour; de l'autre, un cœur gardé par deux chimères. C. S.

509. Poire à poudre de forme tronconique italienne, en cuir gaufré. Le sujet représente une chimère ailée qui regarde le soleil. M. L.

510. Poire à poudre en cuir gaufré. Garniture en cuir. C. S.

511. Cartouchière italienne. Milieu du xvie siècle. Plaquée en ivoire, à cinq pans. Les figures gravées sur ces pans sont l'*Arithmetiqua*, *Gramatica*, *Musica*, *Geometria*. Sur le dos de cette pièce on lit : *Sicut leo fortis ad nullum pavescit occursum*. C. S.

512. Cartouchière italienne en fer repoussé en haut-relief et ciselé. On remarque, au centre, une figure de monstre. A cinq cartouches. C. S.

513. Pièce analogue à la précédente. L'un des sujets de l'ornement représente, d'un côté, Vulcain forgeant; de l'autre, Vénus et l'Amour. C. S.

514. Poire à poudre à chargette, à ressort

circulaire, en forme de gourde. Incrustée d'ivoire à rosaces. M. L.

515. Amorçoir sphérique allemand. Incrustation à rinceaux en feuillage. Garnitures en ivoire. Bouchon portant un dégorgeoir. Un petit cavalier, finement gravé, en costume du temps, donne la date. Commencement du xviiᵉ siècle. C. S.

516. Poire à poudre en corne de cerf, sculptée, française. Le sujet principal est Léda, son cygne et l'Amour. Au dos on remarque les noms *Nicolas Chevalier*. M. L.

517. Poire à poudre de petites dimensions. A trois médaillons. Celui du haut pourrait être Henri IV. M. L.

518. Poire à poudre d'un beau travail, en corne de cerf, sculptée. Le sujet représente l'un des combats d'Hercule. C. S.

519. Poire à poudre en corne de cerf. Le sujet représente la Paix mettant le feu aux armes de la Guerre, et une figure de Neptune. Elle

porte la date 1559, et une inscription illisible dans un cartouche. M. L.

520. Poire à poudre en corne de cerf, sculptée, d'une belle exécution. Le médaillon central représente, presque en ronde bosse, les amours de Mars et de Vénus. On remarque deux figures de cavaliers armés de pistolets. Masques, figurines, etc. Cette belle pièce n'a pas de garnitures. C. L.

521. Poire à poudre de la même époque. Garnitures en cuivre ciselé de la plus grande finesse. Le grand bas-relief sculpté, en ivoire, représente une mêlée de cavaliers, exécutée avec beaucoup de soin. Cette pièce porte son amorçoir. Fin du xviie siècle. C. S.

522. Poire à poudre en fer, ciselée, à fines cannelures. On remarque une figure de Diane accompagnée de sa biche. A. S. M.

523. Bandolière ou bandoulière de mousquetaire, du xviie siècle, en velours noir, orné de huit têtes de lions dorées, qui portaient les charges dans leurs étuis en bois. C. S.

524. Bandoulière de mousquetaire garnie de soie jaune et portant neuf charges. Même époque. C. S.

525. Ceinturon complet en velours noir avec galons d'or. Trois bélières attachées à un porte-mousqueton à trois branches. Boucles en fer doré. M. L.

526. Ceinturon en cuir noir piqué, avec ses trois pendants, ses agrafes et ses articulations en fer, finement gravés. xvi° siècle. M. L.

527. Cartouchière en marqueterie d'ivoire sur bois brun. M. L.

528. Cornet de chasse en cuivre doré. Pavillon cannelé avec ornement dans le style moresque, terminé aux angles par des fleurs de lis. M. L.

MACHINES DE GUERRE ANTIQUES[1].

529. Machine destinée à lancer des flèches, reconstruite d'après les descriptions de Héron et Philon, auteurs grecs qui vivaient à l'époque

[1] Ces notes sont dues à M. Verchère de Reffy, capitaine d'artillerie, officier d'ordonnance de S. M. l'Empereur.

des successeurs d'Alexandre, et de Vitruve, que l'on suppose avoir vécu sous le règne d'Auguste; elle est appelée par Héron *catapulte euthytone;* par Philon *catapulte oxybèle;* par Vitruve *catapulte* ou *scorpion.* Les Grecs donnent du reste le nom de scorpion à cette même machine quand elle est construite dans de petites dimensions.

Cette machine, suivant les proportions qu'on lui donne, est machine de campagne ou machine de siége.

Les dimensions des différentes pièces qui la composent ont été données par les auteurs grecs, en prenant pour unité de mesure le diamètre de l'ouverture par laquelle passe le faisceau des cordes de tension. La longueur de la flèche est de neuf fois le diamètre de cette ouverture. Les petites catapultes ou scorpions qui ont été le plus en usage sont celles dont la flèche avait trois spitames[1] de longueur, ce qui fait 69 centimètres. Les flèches des plus grandes catapultes semblent avoir eu trois coudées[2], 1 mètre 29 centimètres.

[1] La spitame est de 23 centimètres.
[2] La coudée est de 46 centimètres.

La portée de ces machines, petites ou grandes, est d'environ 300 mètres. Elles sont d'une grande justesse, et se montaient quelquefois sur chariot.

530 et 530 *bis*. Machines destinées à lancer des pierres, reconstruites d'après les documents fournis par les mêmes auteurs. Elles sont appelées par Héron *catapultes palintones*. Elles doivent être considérées comme deux solutions différentes du même problème balistique. Dans l'une, les bras se bandent extérieurement aux faisceaux de tension ; dans l'autre, intérieurement à ces mêmes faisceaux.

Généralement ces machines sont considérées comme machines de siége; cependant on voit sur la colonne Trajane des représentations de catapultes de campagne qui semblent avoir été construites sur les mêmes principes.

La portée de cette catapulte était de 200 à 250 mètres, la flèche de la machine étant inclinée à 35 degrés.

Elle pouvait aussi lancer des flèches, en substituant à la corde à fronde une corde droite.

Dans le numéro 2, on voit comment on pouvait ramener en avant le chariot qui portait la détente, au moyen d'une corde engagée dans la poulie placée à la tête de la flèche, tournée autour du treuil et fixée au chariot lui-même.

531. Machine à lancer des pierres. Cette machine est nommée par les Grecs *catapulte monancone* (à un seul bras). Reconstruite d'après la description donnée par Ammien Marcellin (IVe siècle), qui la nomme *onagre*. Elle se compose de deux parties : l'une est la machine proprement dite, portant son faisceau de tension horizontal ; son bras est armé d'une fronde ; la seconde, un châssis garni d'un matelas de paille recouvert de peau, destiné à amortir le coup porté par le bras dans son mouvement.

Cette dernière partie se place sur la première dans les transports, comme on le voit dans une figure de la colonne Antonine.

La portée de ces machines est d'environ 300 mètres.

APPENDICE.

---

a 1. Armure composée de pièces d'armes provenant de harnais divers et authentiques.

L'armet et la cuirasse faisaient partie d'une armure de la fin du xvie siècle. Milanaise. Règne de Charles IX. A bandes gravées, portant deux médaillons à la partie supérieure du plastron.

Les brassards, les tassettes, les cuissards et le colletin proviennent d'une autre armure, allemande, d'un beau travail, repoussé et gravé, de la première moitié du xvie siècle.

Les grèves de la même époque et d'une troisième armure; simples, en acier poli. Leur partie postérieure ne joint pas la partie antérieure. Cette disposition est à remarquer. A. S. M.

a 2. Petite armure en fer noirci, de l'époque de Louis XIII, portant ses garnitures en velours rouge bordées de soie jaune. Casque de l'une des dernières formes en usage. L'armure est garnie de clous en cuivre. A. S. M.

« 3. Casque italien de l'espèce des bourguignotes. Milieu du xvie siècle. Repoussé, ciselé et richement damasquiné en or, d'une fabrication remarquable. La crête est formée par la figure d'un monstre à tête d'homme. A droite et à gauche du timbre on remarque des figures couchées et drapées, tenant des cornes d'abondance; sur l'avance ou visière, un médaillon à figure de guerrier antique; sur le frontal, un grand masque à barbe; au couvre-nuque, une fleur de lis et deux dauphins.

Ce dernier ornement indiquerait que ce casque a pu appartenir à un dauphin de France; d'après sa date, ce dauphin serait ou Henri II, ou son frère mort à Lyon.

Donné à S. M. l'Empereur par S. M. l'Impératrice.

« 4. Grande salade de guerre, allemande, de la deuxième moitié du xve siècle. Couvre-nuque à queue articulée à trois lames. Visière mobile d'une seule pièce. Frontal dentelé. L'arête du timbre est un filet carré, repoussé, et de peu de saillie. Pièce très-curieuse.

Donnée à S. M. l'Empereur par M. le comte de Nieuwerkerke.

a 5. Casque de carrousel de la seconde moitié du xvii⁰ siècle, allemand, entièrement en argent, repoussé et ciselé, couvert d'ornements, parmi lesquels on remarque des aigles et des oiseaux fantastiques. Pièce très-rare.

Donné à S. M. l'Empereur par S. M. l'Impératrice.

a 6. Épée de la fin du xvi⁰ siècle. Italienne. Poignée entièrement damasquinée d'or et d'argent, couverte de rinceaux, d'un travail et d'un goût remarquables. Pommeau de forme cylindrique. Branche rejoignant presque le pommeau et fournie par l'un des quillons. Pas-d'âne. Garde double, et contre-garde à branche. Longue lame à forte arête, d'une bonne exécution, sans marque de fabrique. A. S. M.

a 7. Épée italienne de la seconde moitié du xvi⁰ siècle. Poignée en fer noirci, autrefois do-

8

rée, ciselée, à filets et à boutons de fortes saillies, d'une proportion pleine de goût. Pommeau
de forme circulaire et évasée. Ciselé à canaux.
Pas-d'âne. Branche faisant garde partant de
l'extrémité des pas-d'âne. Quillons droits terminés par des boutons ciselés comme le pommeau.
Contre-garde à branches, seconde garde fournie
par une tige interrompue et terminée par un
bouton ciselé comme les quillons. A. S. M.

a 8. Épée du xviiᵉ siècle. Poignée entièrement décorée d'ornements faits au poinçon.
Pommeau plat en forme de poire. Gardes formées par une plaque repercée à jour, et par une
grande garde que fournit la branche. Fusée revêtue de filigranes de cuivre et de fer. Quillons
très-recourbés et aplatis à leur extrémité. Lame
large relevée par une arête médiane. Ornée de
gravures, de médaillons, des devises : *Soli Deo
gloria; Vincere aut mori,* etc. A. S. M.

a 9. Épée de la fin du xviiᵉ siècle. En fer ciselé d'un travail remarquable. Ornements en
faible relief sur fond d'or. Pommeau et coquilles
repercés à jour. On remarque des figures de

chien sur les coquilles. Bonne lame sans marque de fabrique. A. S. M.

a 10. Épée de Charles XII. Lame très-forte relevée par une arête médiane d'une saillie assez considérable; elle porte des gravures à rinceaux au-dessus desquelles on voit la devise *Soli Deo gloria*, et le chiffre de Charles XII : deux C entrelacés surmontés d'une couronne fermée, le chiffre XII placé entre les deux C.

Cette arme historique a été donnée au général Meyenfelt par le roi Charles XII, qui la portait à Bender.

Donnée à S. M. l'Empereur Napoléon III par le roi de Suède.

a 11. Dague suisse. Poignée à pommeau ciselé et évidé. Quillons recourbés vers la pointe de l'arme, du même travail que le pommeau. Fusée en fer damasquinée d'or. L'écusson présente une ornementation finement ciselée en relief. Lame à large talon damasquiné comme la fusée, et à arête. Fourreau en fer repoussé d'une riche décoration. Il présente deux figures en fort relief, l'une, d'un guerrier vêtu à l'antique;

l'autre, d'une femme nue. Les trois saillies en boudin du fourreau sont des anneaux en fil de fer soudés au corps du fourreau. Il est terminé par un bouton ciselé et évidé. A. S. M.

a 12. Carabine turque. Canon rayé à tourelles à sept rayures, à huit pans. Orné de riches incrustations de cuivre. Portant au tonnerre de belles marques de fabrique turque, et une hausse en mitre. Crosse et fût ornés d'incrustations d'ivoire et de cuivre. Bandoulière en soie verte. A. S. M.

a 13. Pistolet de chasse. Français. De la seconde moitié du xvie siècle. A rouet; à deux coups. Entièrement couvert d'ornements à rinceaux ciselés et fortement dorés. Rouets recouverts de leurs tambours. Poignée en corne de cerf dans le prolongement des canons. Pièce rare et précieuse, à remarquer. A. S. M.

a 14. Paire de pistolets à rouet, de la seconde moitié du xvie siècle. La poignée et le fût entièrement ornés de rinceaux incrustés en ivoire. Rouet maintenu sur le corps de platine

par une bride circulaire en bronze gravé. Crochets de ceinture. A. S. M.

a 15. Belle paire de pistolets allemands du
xviiie siècle. Canons ronds brunis, richement
damasquinés en or. Poignées et fûts en ivoire
sculpté, d'une exécution remarquable. Les pommeaux représentent deux têtes de guerrier. On
remarque à la platine une inscription donnant
les noms de l'armurier et de la ville qu'il habi-
tait, *Johon Louroux Maestrik*. A. S. M.

a 16. Poire à poudre en corne de cerf, de la
seconde moitié du xvie siècle. Sculptée en relief
du plus beau travail. Le sujet représente une apparition du Seigneur au-dessus d'une ville assiégée; les soldats, vêtus à l'antique, paraissent
frappés de stupeur. On remarque au bas de
cette intéressante pièce un cavalier tombé de
cheval et la devise : SAVLE SAVLE QUID ME
PERSEQVERIS DOMINE QVID ME VIS FA-
CERE... Monture en fer, de l'époque, autrefois
dorée. A. S. M.

a 17. Petite poire à poudre française, du

commencement du XVIIe siècle, en bois, recouverte de velours. Riches garnitures ciselées et découpées à jour, d'un travail précieux. On remarque au centre de chacun des côtés également ment décorés un médaillon ciselé en relief, présentant un sujet érotique. A. S. M.

a. 18. Petit amorçoir en buis, en forme de gourde, entièrement sculpté et couvert d'ornements d'une exécution remarquable, seconde moitié du XVIe siècle. A. S. M.

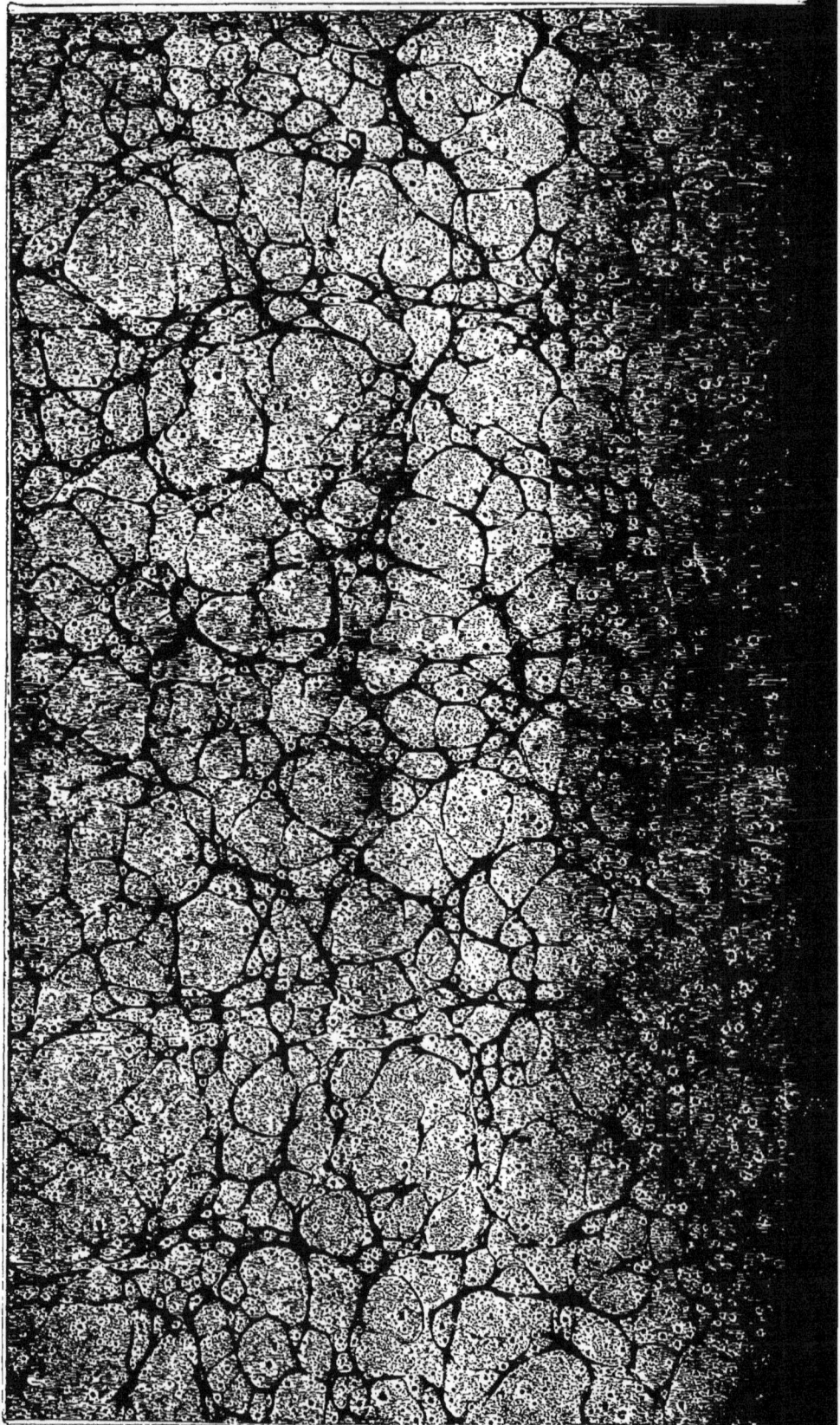

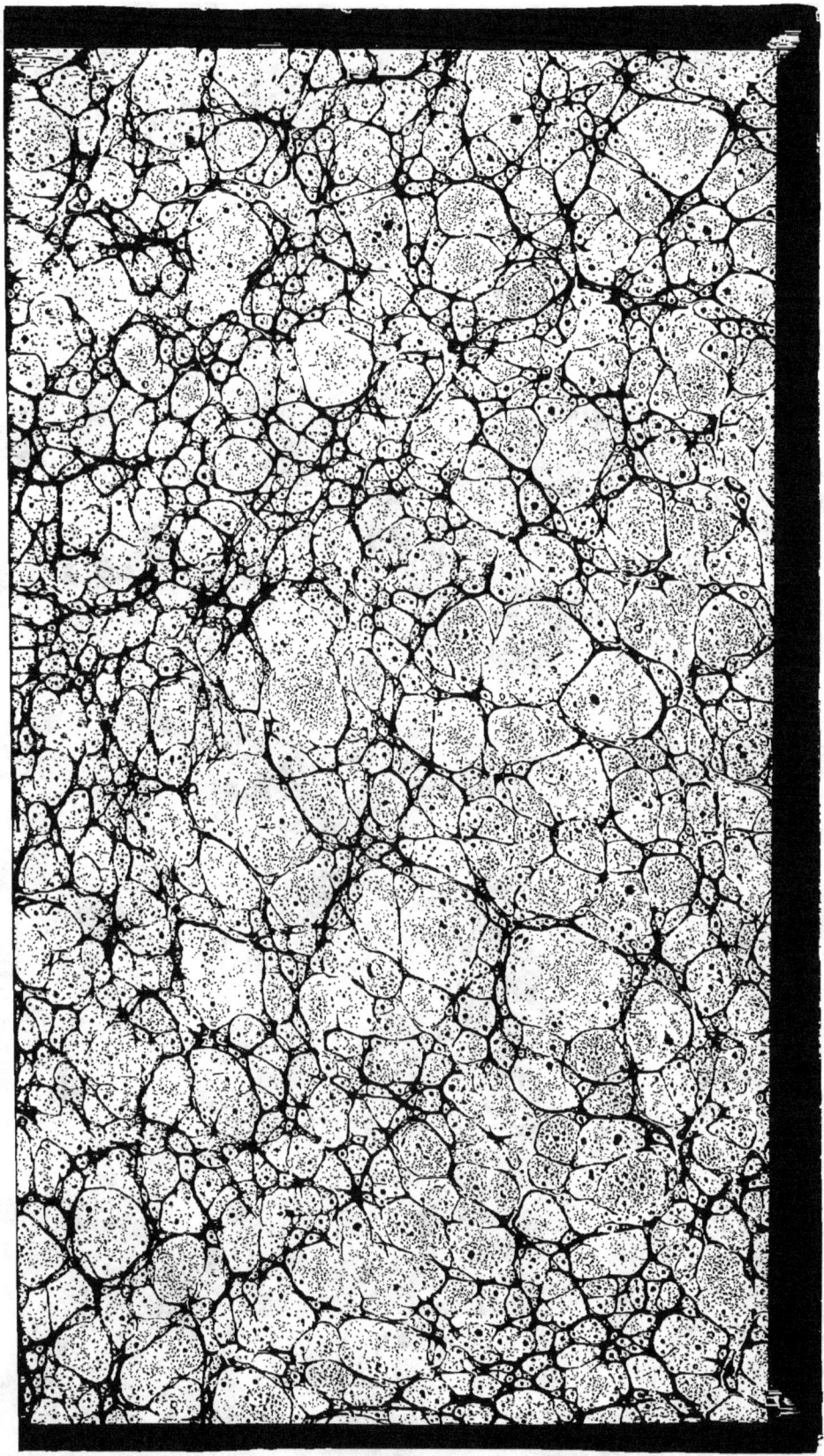

www.ingramcontent.com/pod-product-compliance
Lightning Source LLC
Chambersburg PA
CBHW072234270326
41930CB00010B/2127